이 하 림 시 집

카페의 밤

무당거미

카페의 밤

이 하림 시집

목차

섬	8
길 위에 길	9
파란 어느날에	12
가을하늘	14
지친 거리에서	15
행복 같은 꿈	17
날아오른다	18
우수의 밤	20
가을 길 위에서	22
살아가다	25
어떤 끈	26
가을편지	28
동행(同行)	29
아름다운 밤	30
흐르는 세월 속에	32
흔들리는 세월	33
너의 의미는	34
아름다운 당신	35
나의 바이블	37
눈 내리는 벌판을	38
고독의 의미	40
보이는 모든 것	41
한낮의 커피를	42
아름다운 그녀	43
작은 병 속의 땅콩	45
어떤 사물에 대해	46
바람의 꿈	47
당신이 없는 그 밤	48
순례자(巡禮者)	50
아름다움의 무당	51
가을 행복 빛	53
낙엽(落葉)	55
당신이 없는 그 밤	57
살며 사랑하면서	58
가을 햇빛 속에는	60
시를 읽지 않는 이유	62
바람의 꿈 빛 물결	63
햇빛의 노래	64
무심한 세상	66
작은 꿈의 세상	68
문명론	69
거친 사막의 도시에서	72
가을 이별	74
구름이 머무는 자리	75
그들의 눈빛	76
바람 속의 빛	78
그녀의 눈빛	79
미래의 날들	80
담담한 하루	81
밝은 날들	83

어떤 대결	84	알 수 없는 시의 표정	121
가을에 피는 꿈 꽃	85	어딘가에 있는	123
저녁의 우울	86	무엇을 보았는가?	125
새벽에 나 혼자	87	나의 종교	127
이 시각에 나는 2	89	살아가는 방법	129
낙엽	90	가을비 내린다	131
이 세상 모든 것	92	우산 속에	132
현실이 아닌 꿈	93	아름다운 그림자	133
비 개인 하늘	95	비가 내린 후에	135
사는 동안	96	비 내리는 카페의 추억	137
때때로	98	너에게 보내는 꿈	138
상상의 미로에서	100	어제 내린 비는	140
희미한 추억 속에	102	가을 은행잎	141
종로에서	103	불어오는 바람	142
창밖을 보며	104	아름다운 모험	143
작은 꿈의 날들	105	세상 모든 것	145
가을비가 내리던 날	107	밤	147
돈키호테	108	밤 2	148
나 혼자서 간다	110	어느 이별의 노래	150
보고 싶다	112	가을비의 추억	151
너를 그리워하며	113	꿈꾸는 자의 초상	153
소인배	115	산다는 것은	155
나의 꿈	117	가끔은	157
가을 잎사귀	118	너의 의미	158
어둠 속에 불빛	120	당신이 잠든 밤에	160

카페의 밤

목차

걸어가다	161	허전한 풍경	196
떠나는 사람	163	생명은 외롭지 않다	197
오늘은	164	차 한 잔으로	198
높이 나는 새	165	시인 이하림의 초상	200
미쳐야 한다	167	그렇게 세월은 간다	201
어떤 법칙	169	한 잎의 갈대	202
슬픔의 시간	170	살아오다	203
살아가는 동안	171	생명이 있기 때문이지	205
빛나지 않는 생	172	떠나는 시간들	206
소리 없는 목소리	174	살아온 날들의 추억	207
나의 살던 고향	175	방황에 대한 시	209
끝없는 길	176	작은 별빛 같은 시간	210
카페의 밤	177	빛나는 별의 죄	212
한 번 간 길은	179	가을빛	214
나의 오디세이아	180	길을 따라 걷다	215
늦가을에	182	그곳에 꿈이 있다	216
늦가을에 2	183	가을 거리에서	217
살아가는 빛	184	낙엽 지는 날에	218
칼국수	185	꽃이 자라는 안개	219
그곳을 향해	186	고독한 날의 초상	221
그곳을 향해 2	188	어린 숙녀에게	222
방황을 위하여	189	바다로 간 고독	224
신의 그림자	190	거울 속에 모습	225
어떤 미소	192	낙엽 같은 사랑	227
폼페이 제국의 최후	194	이제 와서야	228

너무 긴 여정	230	밝은 거리에서	267
먼 고향길	231	우리가 꿈꾸는 세상	269
기억의 어둠	233	꿈 없이 산다는	270
어느 가수의 노래	234	눈	272
가을의 서정	236	별 따라 길 따라	273
가을의 서정 2	237	지나간 추억의 사랑	275
가을의 서정 3	239	지나간 추억의 사랑 2	276
가을 환상	240	지나간 추억의 사랑 3	279
파란 하늘 아래	242	지나간 추억의 사랑 4	281
세월의 꽃잎	243	걸어가는 그늘의 빛	282
덧없는 세월 속에	244	생의 한순간은	283
산다는 일	246	겨울의 커튼	285
창밖을 보며	247	별이 빛나는 밤	287
모든 것은 흐른다	249	어둠 속에서	288
마음에 대한 명상	250	아름다운 거리에서	290
지친 하루	252	목마른 가을 꿈	292
아름다운 얼굴	253	너를 기다리는 마음	293
달력 속에 없는 세월	255	쓸쓸한 밤거리	294
그리운 그녀에게	256	너를 꿈꾸는 밤	296
가을비에 젖으면	258	가을 노래	298
걸어온 생애	259	어느 날 가을비	299
어느 시인의 글쓰기	261	빗소리	301
밤의 불빛	263	기흥호수	302
겨울 공원	264		
가을에서 겨울	266		

카페의 밤　　7

섬

바라지 않는 마음
그 물결 위에
철썩이는
파도가 인다
작은 섬
꿈꾸며 살아가는
한 고독한
남자의 마음
물새가 날고
찬 가을바람이 부는
바위에 앉아
노래한다
아무도 오지 않는
기다림의
섬에는
별과 꿈이 살고 있다
밤하늘을 벗 삼아
바람과 파도와
구름 속에
살아간다.

길 위에 길

울퉁불퉁한 길
어디로 가는 걸까?
알 수 없는
미로
헤매이고
부딪치며
설레이며 살아온 길
꿈이란 그림에
조금 미쳐서 살았다
시를 쓰며
시색도 히고
인생과 역사를 바라보았다
지나고 나면 헛일
진정한 길을 찾아
오늘도
꿈길을 헤맨다
못난 인생이었지만
아름다움을 추구했다
세상의
진리는 너무도 멀고 험한 길
찬비 맞으며
우산 속에 흐르는
빗물은

누구의 슬픈 감정인가?
지울 수 없는
흔적의 고통 속에서
오늘과 내일
그리고 영원한
그 무엇을 찾아서
무지개를 향해
뚜벅뚜벅
길을 간다.

길 속에 너

높고
낮게
그리고 슬프게
때론 웃고
때론 울고
때론 슬프게 산 나의 그림자
길 속에서
너를 찾아 걸었지
너와 비를
너와 눈을
너와 카페에서 커피를

함께 웃고 싶었지
손을 잡고
가을들판을 거닐고 싶었지
파란 하늘 아래
꿈의 풍선을 들고
걷고 싶었지
언제난
없는 너를 그리며
향기없는 그림자 속의
너의 모습 그렸지
산다는 게
우습기도 하고
아프기도 했지만
지금 여기까지
이 길을 걸어왔지
행복은
너의 작은 눈빛
함께
바람부는 세상을
걸으며
손을 잡고 싶었지
흰구름처럼
한가히
너와 함께.

파란 어느날에

어느 날
파란 가을하늘 아래를
파란 햇빛을 맞으며
길을 걸어갔다

지친 인생길 이었다

문득
피어난 커피향같은
너의 눈빛이
메마른 가슴을 촉촉히 젖시며
비처럼 내렸다

꿈은 아니었다
황량한 가슴에 꿈결처럼
스미는 너의 다정한 모습

석양에 지는
노을처럼 붉은 네 뺨이
나를 따스하게 물들이며
마음 속에 스며들었다

이 차가운 세상 길에서 너를 만났다

언제나
다정한 눈송이처럼
하늘에서 하얗게 속삭이며
내리는 너

까만 인생의 하루가
파란 파도처럼 나를 젖시며
가을잎처럼
빨갛게 익어갔다

가을하늘 밑에
생의 거리에서 너는
잔잔한 사과빛 향기였다

어느 날
그때 그 자리
그 카페에서
나는 너를 기다린다.

가을하늘

파란 하늘은
호수
눈 시린 그 빛은
너의 눈빛
잔잔한 수면 위로
너의 마음이 배처럼 다가온다

파란 하늘은
흰 구름
너의 손길이
나에게 다가온다

언제나
가을은 말 없는
애무의 눈짓을
나에게 보낸다

꿈꾸는 하늘은
사랑
밀려오며 번져가는
고독한 그림자처럼
생의 운명

벗어날 수 없는
아름다운 색감의
가을하늘이
향기로 다가온다.

지친 거리에서

흐린 거리에서 방황했네
길을 몰라
길 속의 길을 찾으며
띠돌았네
왜 태어났을까?
그건 신비한 신의 의도
알 수 없는 미로의 생
꿈속에서 살았네
꿈이 행복이니깐
너를 찾아 헤맸네
안개 낀 이 거리에서
보이지 않는 길에서
우울한 삶의 모서리에서
솔직히
절망의 거리를 걸었네

너가 보이지 않는 날은
하루종일
찬비가 내리는 슬픈 날
따스한 햇빛이 비치는
생의 거리를 걷고 싶었네
세상은 천둥번개 치는
난폭한 고독의 길
쓸쓸한 방에서
혼자서
우두커니 앉아 고민했네
왜 태어났을까?
그 의도를 몰라
독한 술을 마시며 취했네
쓰러져 잠을 자고
일어나 또 고민했네
알 수 없는 생의 거리에서
나는 매일 고독한 시간의
추억을 마시며 살았네
지친 거리를 방황하며 살았네.

행복 같은 꿈

사는 건
불행 속의 밝은 꿈이지만
현실 속에서
희망을 찾기 어려웠네
어느 일본 작가의 자살
헤밍웨이의 자살
자살을 하는 이유
무슨 이유일까?
아마 불행한 꿈을 잃어서 일 거야
마음속에 파란 그림이 없어지면
살아가는 존재의 이유를 몰라
허무한 시간의 나열 속에서
시간의 바늘들이
머리를 쑤시기 때문이지
그러나
너가 있다는 사실
세상 어딘가에는 분명히
너가 살고 있고
맑은 눈빛과 사랑의 입술로
존재하고 있다는 사실
흐린 날에
안개 낀 거리를

혼자서 걸어가는 이유도
사실은 너 때문
나는 혼자가 아니었기에
오랜 동안
세상을 걸어오면서
너를 품고 살았지!
너는 꿈이고 행복이니깐
사는 건
불행 속의 꿈이지만
너를 만나러 가는 이 길 속에
작은 행복이 숨 쉬고 있으니깐.

날아오른다

활활
타오르는
금빛 환상의 날개여
너의
꿈의 바다는 넓고도 넓다
대지를 박차고
날아오르는
새여
머나먼 대륙과 세계

그리로 우주를 향해 비상하는
너의
꿈
작은 씨앗에서 시작해
잎이 나고
꽃이 열리고
신비한 열매가 자라는
꿈의 새여
날자!
날자!
날자!
별들의 세계를 휘감고
천체를 품으며
아름다운 감동의
전율로
전 우주를 감동시키는
너의
황금빛 예술의 날개여
품고 날아라
작은 땅 위에서
다투지 말고
너의 황금 망토로
상상의 빛으로
꿈의 세계를 덮어라
고통과 아픔의
이 대지를

품고 날아라
황금빛 환상의 꿈의
날개여!

우수의 밤

꿈이란 별빛이
촉촉이
내리는 밤
어느 카페에서 너를 만났지!
지친 길 위에서
너를 보았기에
나는 포돗빛 그리움 속에
너를 만났지!
현실에는 없는
향기의 공간을 보았지
너의 눈빛과 입술에서
작은 추억을 얻었지
지금은 없는 너
외롭게 걸어가는 이 길 위에서
너를 상상했지!
너의 사슴 같은 걸음
얼마나 나를 설레게 했는지

밤은
고독이 비처럼 내리고
우수의 시간이 흘렀지
까만 밤 속에
언제나 떠오르는 너의 웃음
사탕같이 달콤하지
불빛이 환히 켜진 거리에는
정적의 추억들이 있었지
너를 꿈꾸었기에
언제나 나타나는 카페의 밤
그 자리에는
너의 예쁜 치마와
너의 예쁜 미소가
언제나 반갑게 웃고 있었지!
어둠 속의 성냥처럼
다시 밤이 오면
우수의 빗방울 속에서
나는 너를 보며
속삭였지
사랑해! 라고.

가을 길 위에서

가을 햇빛이 반가운
비처럼
내리는데
나는 온몸에 그 빛을 맞으며
쓸쓸히 걸어간다

나는 아직 너를 모른다

네가
왜
어디서
무엇을 하고 있는지

머나먼 별에서
사랑의 여신처럼 웃으며
나를 보고 있을지 모른다

가을 낙엽
그 시린 초조함 속에
시간을 흘러간다

나는 아직 너를 모른다

찾고
헤매고
방황하며
너를 기다렸다

나는 아직 너를 모른다

어딘가에는
분명히
있는 너

수정 같은 맑은 눈으로
흐르는 세월 속에
너는 미소짓는다

나는 아직 너를 모른다

가을 길을 걷고 있다
햇빛이 가을 열매 위에 머물고
익어간다

생도 한순간인지 모른다
길인지 꿈인지 모를
시간들이
물처럼 흐르면서

하늘 위에 온통 흰 눈이
내리는 날
작은 카페에서
우린 만날 것이다

나는 아직 너를 모른다

커피향기가 눈처럼 하얗게
피어오르는 시간에
우린 웃고 얘기하며
사랑할 것이다

나는 아직 너를 모른다

왜
어디서
무엇을 하는지 모르는 채.

살아가다

흐르는 대로 흐르겠습니다
물처럼

부는 대로 불어가겠습니다
바람처럼

비추는 대로 비추겠습니다
달처럼

파란 하늘처럼 한가하겠습니다
구름처럼

소복소복 쌓이며 살겠습니다
눈처럼

붉어지면 떨어지며 뒹굴겠습니다
낙엽처럼

어둠 속에서도 웃겠습니다
별처럼

외롭고 고독하고 불행했지만 행복했습니다

사랑처럼

물처럼 바람처럼 구름처럼
살겠습니다

인생처럼.

어떤 끈

너를 상상하며
어떤 여자일까를
늘 신비롭게 생각한다
무슨 인연으로
너를 만날 수 있을까?
고민도 해보지만
하늘의 깊은 뜻을 헤아릴 길 없어
이날 이때까지
흐린 날씨 같은
쓸쓸한
바람에 날리는 옷처럼
살아왔다
우연처럼 만날까?
필연처럼 만날까?

알 수는 없지만 아마
언젠가는
거리를 걷다가 너를 만날 것이다
바람이 싣고 온 편지에
어느 날
어느 시간에
어느 장소에서
너와 내가 만나는 그 순간의
잉어처럼 튀어 오르는
불꽃의 만남이 있을 것이다
이렇게 바람만 불고
붙잡을 수 없는 초조의 시간이 흘러가면
구름을 벗 삼아
술 마시고
담배피며
그저 그렇게 살고 싶지만
너란 운명이
내게
어느 날
조용히 하얀 손을 내밀 것이다
까만 밤에
작은 환상처럼
얼굴이 떠오른다
알 수 없는.

가을편지

가을하늘 아래
떨어져 누운 낙엽은
파란 잎의 추억이 있다
쓸쓸한 바람에
날려 떨어진 그 잎은
옛시절을 그리워한다
우리가 먼 시절의 연애가
꿈인 듯 다가오는 계절도
이 가을이다
바람처럼 흘러가는 세월의 노래
밤 정원의 귀뚜라미의 울음인 듯
아쉽고 미련이 남는
세월의 연가로 울어댄다
아 가을인가!
흐르는 강물 위로 떠가는 나뭇잎
푸른 시절은 저만치 눈앞에 있는데
푸른 하늘과
붉은 단풍이 속삭인다
가을하늘의
파란 잉크로
사연을 담은 옛 추억을
편지로 남긴다.

동행(同行)

외롭고 쓸쓸한 날에
창가에 서서
까만 커피를 마시며
그대와 거닐던 길을 걸어본다
가로등이 졸고 있는 골목길
그대와 난 걸었다
여름날 태양이 뜨겁던 날
그대와 난 해변을 걸었다
작은 산사가 있던 어느 산을
그대와 난 걸었다
샘물을 마시면시
술 마시던 날 술에 취해
그대와 난 걸었다
기차가 떠나간 자리 그 길을
그대와 나는 걸었다
추억의 길을 걸어가듯이
달이 휘영청 밝은 날
어두운 밤길을
그대와 나는 걸었다
비 내리는 날
같은 우산을 쓰고
그대와 나는 걸었다

인생은 길을 가는 것이다
가장 아름다운 길은
꽃길이 아니다
사랑하는 사람과 걷는 길이다.

아름다운 밤

가을밤
어두운 저녁이 밀려오면
수줍은 노을은
여운 속에
붉게 사라지고

거리에 가로등이
하나둘 켜지면
집을 향해
귀가하는 사람들

인생의 일몰 속에
나의 그리운 사람들도
붉게 사라지고
이제 남은 건 빈 고독

뒹구는 낙엽을 보며
쓸쓸하게
마음에 무거운 짐
벗어보지만
벗어날 수 없는 죄

책상에 앉아
마리아나 릴케의
시집을 보며
가을밤이 깊어진다

추억어린 생의 기억들도
떠돌며 나타났다 사라진다
지울 수 없는 얼굴
그녀

지친 하루 속에 불쑥
떠오르는
그녀
내 머리는 사진관인가?

그리운 머리의 꿈들을
가슴에 품고
머나먼 꿈나라로
그녀를 찾으러
여행을 간다.

카페의 밤

흐르는 세월 속에

바람을 따라 흘러왔다
번민과 고뇌의
강이
바람처럼 흐르는 아픈
가시 같은 시간 속에서
과연
내가 어떻게 견디며
살아왔는지
꿈속에서 살았기에
현실의 가혹한
아픔의 순간들이 늘
잔인하게
나를 짓눌렀지만
그러나 견디며 살아왔다
한 잎의 나뭇잎처럼
비를 맞고
눈을 맞고
이슬 맺힌 아침을 맞이하며
늘 꿈꾸며 살아왔다
새벽의 햇살이 눈부시게
비출 때
나는 담담히 일어나리라

그리고
나의 길을 향해 걸어가리라
가혹했던 지난날들의
악몽 속에서
나는 꽃잎 같은 시간을 맞으며
긴 세월의 흐르는 바람
두 팔로 껴안으며
천천히 걸어가리라
꿈인듯한 현실을.

흔들리는 세월

밤하늘 별은
소리 없는 아우성
너의 눈빛은
바람에 휘날리는 투명한 깃발
찬 대지 위에
꽃은 말 없는 의미를 던진다
태어난 모든 것들에게
운명의 파도는
꿈의 물결로 다가온다
한번 가면 다시 오지 못하는
곡절의 사연들

빙하의 계절 속에도
따스한 봄바람은 불어온다
외롭게 서 있는 나무 한 그루
언제나 하늘을 보면
푸른 잎으로 이마를 가린다
흔들리는 모든 의미들에게
사랑은
촛불처럼 타오른다.

너의 의미는

절뚝이며 걸어가는 닭에게
붕대를 감아준다
뛰어가는 캥거루에게
자장가를 불러준다
쓰러져 누운 풀들을 일으키며
어깨를 쓰다듬는다
별의 이슬을
맞고 살아가는 작은 나비에게
빵을 나누어 준다
고독하게 흘러가는
강물에게

편지를 써서 고백한다
사랑하고
사랑한다고
미안한 모든 것들에게
살아가야 할 존재의 의막
뚜렷하고
분명하게
있다고 나는 벼락처럼
느낄 수가 있다고.

아름다운 당신

화장하는 여자가 아름답다
얼굴에 크림을 바르고
얼굴에 로션을 바르고
얼굴에 큰 눈에
섀도를 그리고
붉은 립스틱을 아주 진하게
칠하는 아름다운 당신
오늘도
거울 앞에서
너를 단장하며 꿈꾸는구나!
붉은 단풍이 하나둘 떨어질 때

세월의 달력은
너의 마음에 그리움을 쌓는다
어깨의 선이 고혹적인
당신에게
오늘도 화장하며
세월을 낚는 그대에게
꿈의 시간 속에
축복이
축복이 있으리라.

나의 바이블

너를 바라보고
너를 느끼면서
너를 생각한다
나는 너를 늘 마음의 책상에 앉아
한 장 한 장 천천히 읽으며
음미한다
너란 바이블에서
나의 평생의 모든 것을 알 수가 있다
너의
눈과
코와
뺨과
입술 그리고
흐르는 몸매에서
깊은 진리의 말씀을 듣는다
너는 나의 종교이며 진리다
평생을 너를 읽으며 살아간다
나의 값진
바이블.

눈 내리는 벌판을

아 꿈이여
나는 걸어왔네
먼 길을 돌아서
가혹한 눈 내리는
찬 세상을 걸어왔네
나에겐
아무도 없었네
몇 권의 책과
바람과 꽃과 돌 그리고
흐르는 물
걸어 걸어 나의 길을 가네
어린 시절
어둠 속에 비친 자막의
영화는
한 줄기 희망의 빛
그 꿈을 사랑했네
보잘것없는 나였기에
멀리서 바라보던
사랑스런 그대들
지금
깨어나 사막의 세상 길을
모래바람만 날리는

찬 시간의 사막 속에서
길을 잃고 헤매었지만
꿈의 별이
언제나 찬란하게 빛났기에
사막의 복판에서
헉헉거리며
서걱이는 모래바람 맞으며
걸어왔네
밤이 찾아오면
신발에 가득 고인 모래를 털고
빛나는
꿈의 별을 좇아
마음의 꽃동산을 향해
걸어왔네
아침은 찾아오고
나의 먼 길의 여정은
다시 시작되네
걷고 또 걷는
눈 내리는 사막길을.

카페의 밤

고독의 의미

맑게 빛나는 별
그 수정 같은
모습에서
너를 본다
그리운 네가
고독이란 추상으로
내게 다가와
한 몸이 되었다
꽃을 보고 웃으면
너도 웃고
달을 보고 탄식하면
너도 탄식한다
고독이여
사랑스런 여인이여
나의 꿈은
너의 꿈
불빛 환한 밤에
너와 술을 마시고
담배를 핀다
희망과 꿈과 사랑을
주고받으며.

보이는 모든 것

아름다운 밤하늘의 별
빛날수록
마음에 다가오는 시간들
추하고 아름다운
지난 순간들
똑똑
두드리며
시간의 문을 열고
달빛처럼 환한
너의 얼굴에서
비 내리는 따스한 정감이
흘러내린다
시간의 기차가 달린다
역에는
너가 하얀 꽃을 들고
손을 흔든다
그 미소
그 눈길
추억의 아픔들이 가슴에
꽃처럼 피어나고
언젠가는
우리 모두

시간의 종착역 앞에서 만났다
아름다운 밤하늘의 별
그 빛나는 이상이
깃발처럼
춤추며
하얀 눈처럼 밤에 내린다.

한낮의 커피를

까만 커피를 마시며
당신을 생각합니다
아니
당신을 상상합니다
당신이 누군지 모르기에
이런저런
얼굴을 떠올리며
비 맞고
눈 맞고
바람에 햇빛에 바래진
작은 미소를 그려봅니다
향기는
어디서 오는지 모르지만
가을의 즐거운 속삭임으로

울립니다
기다립니다
늘 꿈에 그리던 모습을
어린 날의 놀이처럼   .
즐거운 아침의 공기는
하루의 큰 기쁨입니다
기다립니다
답장처럼 다가올
불쑥 다가올 만남을
기다립니다
늘
즐거운 마음으로.

아름다운 그녀

너의 눈에
흰 눈처럼 내리는
하얀 달빛 미소는
나를 설레게 해
꿈꾸듯 바라보는 너의 두 눈
아마도
행복이 담긴듯한 이슬 머금은
눈동자에

사랑의 긴장이 돈다
너의 두 눈 속에는
작은 태풍이 분다
영혼의 불길이 훨훨 타오르면서
지상의 천국인
카페에서
커피향기 속에 비친 너의 두 눈
잔잔한 생의 길목에서
너를 만났다
비 내리는 날
우산 속에서 서로의
온기를 느끼며
길을 걸었다
가로등 빛이 서로를 비추면서
꿈도 환하게 밝아졌다
너와 함께 걷던 그 길은
지금
달빛이 내리면서
그림 같은
작은 집에 숨어있는
작은 창문에
너를 비춘다
너의 꿈도 사랑도 비춘다.

작은 병 속의 땅콩

책상 위에 놓인 병
그 안에 땅콩
오래되었지만
먹게 되지 않는 땅콩
그 맛은 여전할까?
당신도 그래
내 안에 오래되었지만
낡은 기억처럼
그냥 그렇게 보여
시간이 물드는 여운의 향기
이미 당신도 그럴 기야
작은 파도처럼 밀려오다가
사라지는 포말
책상 위에 땅콩처럼
오래된 기억 속의 당신
아련한 흔적처럼
남아있다
한때는 희망과 기쁨이었지만
상처로 남았다가
이젠 빛바랜 사진
아주 오래된
병 속의 땅콩처럼.

어떤 사물에 대해

사랑은 한순간에 온다
번개 같기도 하고
꿈 같기도 하다
우연히 마주친 인연
조작되지 않은
영화 같은 것이다
현실에는 없는 것
꿈속에나 있는 것
이상 속에만 있는 것
현실이 악수를 하면 사라지는 것
꿈꾸며 살아야 존재하는 것
피할 수 없는 운명 같은 것
현실에는 없는 것
나이가 들면 들수록 사라지는 것
한밤에 꿈속에나 있는 것
포기하는 게 사랑이다
버리는 게 사랑이다
타협하는 게 사랑이다
돈처럼 주고받는 게 사랑이다
꿈에만 있는 거
현실에는 없는 거
꿈을 포기하는 순간 사라지는 것
현실과 꿈의 날개로 버티는 것

현실도 결국은 꿈이다
어느 날 문득 깨닫는 것
사랑 꿈 현실은 같은 것.

바람의 꿈

불어오지만 보이지 않는 바람
그 논과 밭에
많은 씨앗들을 뿌리면서
살아간다
아직 돌아오는 것은 없지만
언젠가는
분명히
뿌린 씨앗들이
사랑의 결실로 돌아올 것을 믿는다
인내의 과정은
그야말로 가시밭길이지만
위대한 예수의 길이
십자가였듯이
나도 보이지 않는 십자가를 지고
인내와 고통의
골고다 언덕을 기어오른다

지금
어디선가 바람이 불고 있다
산과 들과 강을 지나
바다를 건너서
그 바람은 불어오고 있다
기다린다
기다린다
기다린다
뿌린 씨앗들이 성숙하고 달콤한 열매가
되어 바구니 하나 가득
담겨올 순간들을
불어온다
불어온다
사랑의 바람이
보이지 않지만 보이는
그 사랑의 바람이.

당신이 없는 그 밤

시간이 향기처럼 흐르는 밤
책상 위에 시계는 똑딱이고
한낮에 내리쬐던 햇빛이
고요의 정적으로

별들과 함께 속삭인다
동화의 나라에서 살던
꼬마 병정이
밤을 지키며 꾸벅인다
세상은 아름답다
추악이 흐르는 강이기도 하지만
당신이 살고 있는 세상이기에
어딘가에서
도시의 정적 속에
아름다운 달의 미소가 녹아있다
거리와 골목에는
지붕 위를 거닐며
사색하는
한 마리의 고양이
아마 연인을 찾아서
거리를 배회하는 것이다
거리를 걷는다
밤의 거리는 조용하지만
써늘한 가을빛의 소음이
아름답게 들린다
당신이 없는 밤이지만
내 곁에는 언제나 당신이 있다
나는 당신을 데리고
꿈길을 걷듯이 밤을 거닌다.

카페의 밤

순례자(巡禮者)

나는 나를 멀리 떠나보내고 싶다
꿈이 있는 곳으로
빛이 있는 곳으로
향이 있는 곳으로

내가 세상에 태어난 이유는
모든 미를 순례하며
살기 위해서다

시대를 넘어서
공간을 넘어서
차원을 넘어서

너를 만나고 싶은 이유도
나는 순례자이기 때문이다
너라는 아름다움
그 눈빛
그 미소
그 느낌

언제나 설레이게 하는 까닭은
그 고장의

별이 빚은 어떤 아름다움 때문이다
오래된 나무
오래된 성당
오래된 골목

카리브해의 그 멋과 맛은
잔잔한 바람
잔잔한 향기
잔잔한 파도

언제나 가슴에 밀려오는
어떤 파동이
내게
전율을 주기 때문이다

나의 미의 순례는 끝나지 않는다
왜일까
내가 세상에 태어난 이유이기
때문이다.

아름다움의 무당

무당이 되고 싶다

토속신앙의 샤먼이 아니라
미의 신과 접신하는
무당
춤추고 노래하고
글을 쓰고
마치 수도승처럼
미를 찾고 탐구하며
신기를 받기 위해
살아가는 무당
내 안에는 신이 살고 있다
미의 신
그 아름다운 별빛이
이 세상을 비추고
신명 나게 하고 싶고
춤추게 하고 싶다
별빛 꿈을
미의 조각으로 새기며
살고 싶다
혼이 담긴 미의 무당
오늘도
한 자 한 자
꿈의 여정을 떠난다
신령한 미의 기운을 받기 위해
산과 바다와 은하계의
모든 신기를
내 몸에 담고 싶다

미의 신과 접신하여
이 세상에 없는
아름다움을 창조하고 싶다
나는 무당이 되고 싶다
아름다운 귀신
미의 무당이.

가을 행복 빛

가을이 좋다
햇살이 좋다
써늘한 바람이 좋다
시원한 공기가 좋다
살 맛이 난다
무더운 그해 여름은
빗방울 속에 녹아서
그 기운이 사라지고
가을의 여신은 긴 옷자락을
드리우며 우리 앞에 왔다
사랑처럼 기다리던
이 가을
그 상큼한 미소가 좋다
강렬한 태양 빛 웃음이

아직 남아있다
어둠이 내리면
커튼을 열듯이 가을빛이 들어온다
계절의 창은 열린다
소리 없는 가을의 노래가
잔잔히 불어온다
깨어나리라
이 나태한 영혼에
얼음같이 굳어있는 내 영혼에
누가
망치로 나를 내려친다
깨어나 일어나 나가라고 한다
가을 잎이 흔들린다
그 미소 앞에 흔들린다
붉은 나뭇잎의 수줍은
가을 햇살 아래 활짝 웃는다
가을날의
작은 행복이
문을 열고 들어온다
반갑게
반갑게
맞이하며 고개 숙인다.

낙엽(落葉)

가을 태양 빛 아래
붉게 물든 단풍
찬바람에 떨어진
쓸쓸한 낙엽
너는 화려했던 날들의
꿈을 꾸며
지금은 미라처럼 누워
한 시대를 그리워한다
너의 뼈다귀에서는
지난 문명의
로미제국의 영화가 담겨있다
술과
파티의 나날들
콜로세움의 혈전이
아우성처럼 누워있다
역사가 담긴
시대의 반항아
낙엽
지친 네 모습에서
미래를 꿈꾸는
너의 눈동자는
아주 먼 시대를 바라본다

포도주 빛
너의 눈동자에서
추억의 엔진을 달고
우주의 밤하늘로 날아가
은하수의 어떤 별 속에서
꿈꾸는 여인들만이
사는
어떤 별에서
쾌락의 비명을 지른다
흐르는 나신의 육체 속에서
절정의 노래가 나온다
낙엽이여
이젠 꿈조차 지쳐가는구나!
써늘한 바람에
누워서 일렁이며
태초의 기억을
되새기며
푸르던 날들을
떠올린다
부활하리라
생명의 그 날을 위해
오늘
공원 벤치에
외롭게
향기에 취해
화려한 날들을 되새긴다

가을 낙엽이여
잎이 떨어져
꿈마저 사라진다면
누가
너를 위해
노래할 것인가?
낙엽이여!

당신이 없는 그 밤

시간이 향기처럼 흐르는 밤
책상 위에 시계는 똑딱이고
한낮에 내리쬐던 햇빛이
고요의 정적으로
별들과 함께 속삭인다
동화의 나라에서 살던
꼬마 병정이
밤을 지키며 꾸벅인다
세상은 아름답다
추악이 흐르는 강이기도 하지만
당신이 살고 있는 세상이기에
어딘가에서
도시의 정적 속에

아름다운 달의 미소가 녹아있다
거리와 골목에는
지붕 위를 거닐며
사색하는
한 마리의 고양이
아마 연인을 찾아서
거리를 배회하는 것이다
거리를 걷는다
밤의 거리는 조용하지만
써늘한 가을빛의 소음이
아름답게 들린다
당신이 없는 밤이지만
내 곁에는 언제나 당신이 있다
나는 당신을 데리고
꿈길을 걷듯이 밤을 거닌다.

살며 사랑하면서

한낮의 햇빛은
아직 뜨겁다
그 빛은 그러나 따스하다
가을의 얼굴처럼
미소로 가득하다

이런 날이면
살며 꿈꾸고 싶다
살며 상상하고 싶다
살며 사랑하고 싶다
이름은 모르지만, 그녀였으면 좋겠다
사랑할 그 무엇이 있다는
그 자체만으로도
인생은 큰 의미와 행복
살아온 날들을 되돌아보면
비 내린 가을날처럼
쓸쓸하고 고독한 날들이었지만
늘 마음속에
누군가를 상상하며
사랑하며 살았나
때로든 여배우였다가
길거리에서 본 어떤 소녀였다가
사진 속의 그녀였다가
대상은 언제나 바뀌었지만
사랑하고 사랑했다
사랑하며 산다는 것
사랑할 수 있는 존재가 있다는 것
세상에서 가장 행복한 일이다
내가 늘 꿈꾸고 상상하는 것도
꿈과 상상 속에
작은 행복이 숨 쉬고 있기 때문이다
살아온 날들에 대한 한숨의 아쉬움 속에

사랑했던 그 무엇들에 대한
추억의 그리움이
가을 한낮을 물들이며
한 잎 떨어지는 낙엽 속에
내 인생을 바라본다.

가을 햇빛 속에는

정원에서
나무에 열린 감들을 본다
누구를 위해 저 감들은
햇빛 맞아가며
열리는가?

툭 하고 아직 익지 않은 감이
떨어지면
아쉽다

나무는 자신이 만든 열매를 먹지는 않지만
누군가에게 그 단맛을 선사한다

세상의 모든 기운을 모아서
감을 열매로 선사한다

정원에 앉아 있으면
그녀가 나타났다가
그놈이 나타났다가
그 사람이 나타나기도 한다

그 사람
어디서 무엇을 할까?
보고 싶지만
만날 수 없는

세월은 가을처럼 흘러가지만
아직도 익지 못한
나의 시간들

조용히 익어가는 감들을 바라본다
올해는 몇 개의 감 맛을 볼 수 있을까?
시간이 흐르고
나무에 잎사귀들이 다 떨어질 때

나는 나의 시간들을 위해 기도한다
내가 뿌린 씨앗들도
열매가 되어
단맛의 감이 되어
사랑하는 사람들이 느껴주었으면 한다

가을 햇빛 속에 깃든 작은 기도이다.

시를 읽지 않는 이유

시가
비처럼 내리고
눈처럼 내리고
사랑처럼 쌓여도
사람들은 시를 읽지 않는다
돈만을
생각하고
상상하고
꿈꾸는
이 세상 사람들에게
시의 매혹이 다가오지 않는 까닭은
시가 돈과는 무관하다는
판단 때문이다
돈 속에는
행복이 있고
쾌락이 있고
고급한 그 무엇들이 즐비하지만
아름다운 감성을 좋아하는
사람들은
현대인 중에 거의 없다
나는 왜 시를 쓰며 살까?
의외로 나는 시가 돈이 된다고 믿기 때문이다

어리둥절하겠지만
나는
반드시
시가 돈이 되어 나타난다고
굳게
굳게
믿고 살아간다.

바람의 꿈 빛 물결

고요의 바람이 분다
꿈에 젖은
구름이 노을에 은은히 물들어
종소리 울릴 때
장미는 붉게 타오른다

사랑 없는 세상에
진한 편지의 달빛 호소가 어린다
불어오는 바람 속에
너의 얼굴이 보이고
산 위에는 금빛 태양이 말없이
활활 자기를 비추며 타오른다

세상에 없는 아름다운 악기 소리가
바람을 타고 들여온다
영혼이 가득 고인
꿈 빛 물결이 흘러간다
너와 따스한 마음이
세상을 녹인다

찬 바람 부는 대지의 노래는
겨울 난로와 같이
활활 타오르며
세상의 싸늘한 냉기를 불태운다

불어온다
꿈으로 빚은 사랑이 물결이
너와 나 그리고 우리를 향해
바람은 불어온다.

햇빛의 노래

소리 없는 악기의 노래는
들리지 않고
보이지 않지만
우리의 영혼을 울린다

햇빛은 소리 내지 않고
쓸쓸한 가을 하늘에
내면을 비추지만
그 안에 밝은 음악이 있다

과일이 알맹이처럼
껍질에 쌓여 있는
소리 없는 음악과 노래

인생의 본질도
소리는 없지만
가을 햇빛처럼
은은한 음악으로
빛나는 모습

푸른 하늘을 더욱
아름답게 만든다
소리 없는 악기의 노래가.

무심한 세상

세월 따라
비 맞고
바람맞으며
사는 게 인생

세월 따라
눈 맞고
정을 나누며
사는 게 인생

세월 따라
꿈을 꾸고
상처받으며
사는 게 인생

세월 따라
술 마시고
노래 부르며
사는 게 인생

세월 따라
그렇게 그렇게

물 흐르듯이
사는 게 인생

세월 따라
한에 살고
슬픔을 마시며
사는 게 인생

세월 따라
보고픈 얼굴
그리며 그리며
사는 게 인생

세월 따라
꿈도
인생도
언제나 구름처럼
사는 게 인생

세월 따라
보고픈 인연을 그리다
가는 게 인생.

작은 꿈의 세상

언제나 나에게
따스한 언덕에서
꽃의 편지를 보내는
아름다운 그대에게

생은 이다지도 목마른데
해가 쟁쟁 내리쬐는
이 벌판에서
꿈꾸며 걸어간다

행복의 그림자는 무엇일까?
우울한 하루에
찬 세월의 고뇌는
아픈 발걸음을 하며
세상을 걷는다

행복하지만
푸른 하늘을 나는 새처럼
자유로운 삶의 비행은
어디에도 없는
번뇌의 세상

꿈의 날개로
날아가고픈 욕망이
비 내리는
세상의 우울이
날개를 적시며 무거운
다리를 절며 걸어간다

기차가 달리는 열차선의
고독한
보행이 미래를 향한
무지갯빛
꿈의 선물이다.

문명론

이하림의 문명론은
인류의 위기 앞에
새롭고
희망에 찬
복음과도 같은
인류 위기의 해법이다
그 핵심은
순환의 문명론

목기 문명 시대와
대체자원론이다
그리고 한 가지 더
똥오줌 에너지 자원 화론이다
하나 같이 인류에게
지금 너무도 소중한
인류의 빛과 생명 같은
말들이다
인류는 이하림이 제시한
이 문명론의 방향으로
가야만 한다
자원은 순환되어야 하고
나무와 식물성 자원인
목기 문명 시대로 가야 한다
지구의 모든 지하자원을
나무와 식물성 자원으로 대체하자는
이하림의 대체자원론
철과 금속까지도
나무와 식물성 자원으로 만들자고
주장했다
나무와 식물이 철과 금속이 될 수는 없지만
나무와 식물원료로
철과 금속의
용도와 쓰임새가 같으면 된다
주장의 주장을 해서
지금 한창 개발 중이라 한다

성공했다고 한다
똥오줌 에너지 자원론도
지금 세계 각지에서
연구와 개발 중이라 한다
참 다행이다
이하림의 문명론이
인류의 빛으로 빛나고 있다
그러나
나에게는
그 누구도 단 한마디 말도 없다
그래도 좋다
나는 인류가 지구에서 살아갈 수
있는
유일한 해법을 제시한
사람인 것은
분명하다
이하림의 문명론이
위기의 인류와 지구를
구할 것이다
인류에게 새 희망을 줄 것이다
지금 새로운 빛이 빛나고 있다
이하림의
문명론들이 빛나고 있다
이 세계를 다시 꿈과 희망으로
물들이고 있다
바로

이하림의 문명론의
빛이다.

거친 사막의 도시에서

언제나 풍족한 욕망의 허기 속에서
살고 있다
지치고 지치는 삶
마음에
호롱불을 켜듯이
낭만을 심지를 당긴다
늘 환상과 꿈속이지만
오늘은 이 여자
내일은 저 여자
미래의 어떤 여자까지
꿈꾸며 살아간다
무서운 모래바람만 부는
이 도시에서
타는 목마름 속에서
비옥한 욕망의 허기를 느낀다
한 줄기 강물은 어디에서
흐르는가
해골과 영양실조의 쥐새끼들만이

이 사막에서 뒹군다
신기루 보듯
아름다운 여자
멋있는 여자
매력 있는 여자
황홀한 여자들을 꿈꾸지만
다만
신기루일 뿐이다
그러나 사막에 신기루마저 없다면
내리는 쬐는 열사의 뙤약볕만이
우리 가슴을 비춘다
생명이 살 수 없는
사막에도
그나마 생명이 있는 건
바로 신기루의
생명수가 있기에 가능하다
오늘도 내일도
미래에도 환상 속에서
사는 이유는
늘 꿈꾸는
신기루에
꿈이
이 거친 사막에 흰 눈송이로
내리기 때문이다
이 거친 사막 속에서.

가을 이별

낮은 목소리로 말하세요
당신 두 눈에
장미가 흐를 때
가을 들판에 새들이 날고
바람이 흔드는 세상을
그윽하게 바라보며 떠나세요
 한 잎의 낙엽이 떨어지듯
미련 없이 떠나세요
기차는 바람을 헤치고 달린다
차창에 모든 추억이 스치면서
말없이 비밀을 안고 떠나세요
사랑이 낙엽으로 지는
계절의 향기 앞에
그냥 떠나세요
가슴에 단풍을 안고
울지 말고 웃으며 떠나세요
가을하늘이 멀어지듯이.

구름이 머무는 자리

가을의 물결이
넘실대며 찾아오는
이 시간에
하늘의 파란 빛을 본다

그 빛 빈자리에
구름이 머문다

이 세상 어딘가에서
나를 그리워하는 너가 있고
너를 그리임하는 내가 있다

꿈꾸며 살아온 세월들이
구름처럼
잔잔히 빈 하늘에 걸려있다

한 발 한 발 나도 구름처럼 간다

시간의 문을 하나하나 벗기면서
꿈을 꾸던 꿈의 문들을 열고
길을 간다

가을로 물든
이 시월의 하늘가에
흐르는 듯 머문 구름처럼
따라 흐르는
마음.

그들의 눈빛

그들의 눈빛을 잊을 수가 없다. 그들의 잔인한 눈 속에 보이는 인간성 파괴의 현장을 처절하게 느끼면서 살아온 나에게는 그 잔인한 눈빛이 살 떨리게 다가온다
과연 그 눈빛을 어떻게 설명해야 할까?
맹수의 눈빛이라 해야 할까?
아니야 맹수에 대한 모독이야
그렇다면 그들의 눈빛의 의미는 무엇일까?
그들이 왜 그렇게 집착하며 나치당원으로 가기 위해 발버둥을 쳤는가에 대한 의문이 나를 소름 돋는 그들의 눈빛에서 벗어나지 못한다
뱀의 눈빛이 설마 저렇게 잔인할까도 생각해 보았다
아니야 역시 뱀에 대한 모독이야
그들이 왜 그렇게 나치당에 입당하려 했는가를
고민하게 되었다
그 잔인한 살육의 현장에 가기 위해 밤새워 머리 싸매고 공부했을

그들의 그 살기 띤 두 눈!!!
얼마 전 유튜버에 나치 대학 총장이 나왔고 무슨 원고를 읽듯이 설명했다
과연 나치당의 총통다운 눈빛이었다
그 빛나는 두 눈
그걸 총기라고 해야 할까?
아니야!
나치당 총통의 두 눈을 총기라고 할 수 없어!
그 눈
잔인성이 배어서 뭐라 형언할 수 없는
그 두 눈!!!
우리 사회의 학벌 나치즘은 오랜 전통이 있지만
그 살기가 갈수록 짙어진다
어떻게 할까?
도대체 설명할 수 없는
우리의 나치들을
빛나는 명예의 나치 대학!!!
유대인들을 학살하고
아우슈비츠의
잔인한 만행의
현장으로 몰아넣는 그 두 눈
그 살기
우리 사회의 이 혹독한 현실
나는 지방에서 지방대학을 나온
유대인이다

그들의 눈빛
핏빛으로 물든 나치들
그들의 눈빛은
오늘도
내일도
미래에도
우리 사회에서 살기를 번뜩이며
우리를 지배할 것이다
그 눈빛
아아 그 눈빛
그 잔인한 눈빛!!!

바람 속의 빛

바람 없는 바람 속에
희망의 빛이 불어온다
칼 같은 날 바람 속에
따스한 장미의 향기가 불어온다
두 눈 감고 바람 보는
이 모진 세상에
꿈이 바람을 품고 불어온다
모든 것을 떠나보낸
기차역의 등불은

속삭인다
바람의 추억 속에 너의 그림자
다시는 보지 않겠다던
어떤 다짐들이
바람과 함께 불어오면서
시월의 꿈 빛 구름 속에서
한 방울의 빗소리로
떨어져 내린다
우수수 바람 속의 추억의
낙엽이 떨어지면
다시 외투를 걸치고 거리에 나선다
바람 앞에선 그대 두 눈은
음악의 편지처럼
시처럼 불어온다
바람 없는 바람 속의
희망의 촛불처럼
빛을 내며
바람이 불어온다.

그녀의 눈빛

아름다운 외모는 아니지만 좋은 얼굴을 하고 있다고 생각한다. 나약한 듯 보이는 외관과는 다르게 내면에 깊이와 강인함이 보이는 모습이다

여성스러운 얼굴이면서도 부드러우면서 절대 꺾이지 않는 유연함을 갖추고 있어서 그런 모습에서 어떤 결기를 느끼게 한다.
그녀의 눈은 많은 것을 말하고 있다
어떤 슬픔이기도 하고 분노이기도 하다
말 없는 말 속에 많은 의미를 담고 있는 그 눈빛
처량하게 바라보는 듯도 하다
그리고 속삭이듯이 말한다
불꽃이면서 고요함인 그 어조와 의미들
나의 잘못 살아온 삶이 하나하나 벗겨지는 듯하다
자부심 없는 나에게 어떤 자부심이 보고 있다
나도 고통스럽다
나는 혼동스럽다
내가 뭘 잘못했지
나도 모르게 중얼거린다
그래서 어쩌라고!!!

미래의 날들

가을 하늘에 꿈 구름
하나 떠 있네
가을 나뭇잎이
바람에 흔들리네

떠나는 시간들 앞에서
너의 웃음이
작은 햇빛처럼 비추네
살아가는 기억들이
예쁜 그림처럼
살며시 다가오네
아직 다하지 않은 생의 강은
흐르고 흘러 마음에 머무네
꿈결 같은 나날의 초조함이
미소처럼 설레이며 다가오네
한가한 날의 안개의 꿈이
비처럼 창문을 두드리네
나의 날들이여
생명의 고독한 여정 속에
걸어가는 햇살의 노래들
힘겨운 시계의 초바늘처럼
언덕을 향해
노을빛처럼 물 들어가네.

담담한 하루

꿈 물결이 가득하고
커피 한 잔의 여유로

내 방안 미소짓는다
하루하루
그저 그렇고 그런
시간의 노래들
낙엽은 공원 벤치 위에서
햇빛과 함께 웃고 있다
지나가는 행인들의
발길에서
삶의 향기가 느껴진다
오늘의 노동은
단순하지만
내일의 꿈은 바쁘다
언제나 눈 감으면
나타나는 작은 환영들
인형 같은 모습으로
밤의 시간 속에
나타난다
설레이며 흔들리는
내 안의 밝은 촛불은
방안을 비추며 꿈꾼다
커튼을 열고
창문 밖으로는
잔잔한 삶의 물결이 흐른다.

밝은 날들

마음의
종이 울릴 때
파란 하늘은 피어난다
생의 검은 구름은
장밋빛 바람에 물러가고
지각한 그 날의 약속들이
하나둘 찾아온다
울리지 않던 날들의
희망들이
다시 꽃처럼 웃으며
다가오는 날들
아물지 않은 자리에
비가 내리고
천둥·번개 치더니
이슬 머금은 꽃이 피었다
새벽의 그 날
멀리서 예쁜 해가
방긋 웃으며
종을 크게 울릴 때
긴 여운의 소리는
인생의 끝까지 퍼져나가고
커튼 열리면서

너의 하얀 얼굴이 피어난다.

어떤 대결

밤마다
매 순간마다
혼자 있을 때마다
나는 너를 지워버린다
흔적 없이 비워버린다
돌아서는
내 마음 속에
너는 다시 나타나고
환상의 너를 불태워버린다
너는 또다시 나타난다
가득 고여 있는 너의 모습
나는 도망간다
찾을 수 없는 곳으로 간다
희미한 달빛이 비칠 때
나의 그림자 속에
너는 다시 나타난다
이 힘겨운 싸움 속에서
담배를 피고
술을 마신다

울어도 보고
웃어도 본다
빛나는 너이기에
내 구석구석에 비추는 너
마구간 지푸라기에도
너는 빛나고 있다
흐르는 물속에도
달처럼 떠 있는 너
만져지지 않지만 너는 존재한다
현실에도
꿈에도
먼 미래에도 너는 나를 비추면서
고고하게 빛난다.

가을에 피는 꿈 꽃

나이 들어
옛 어른들이 하시던
말씀이 새록새록 떠오르네
너도 나이 들어 보라 하시던
그 말의 진실을
이제 깨닫게 된다
무상한 세월의 흐름 속에서
무엇 하나 제대로

이룬 게 없다는 그 슬픔
보이지 않는 마음의 눈물
쓰리게 흘러내린다
나이 들어 보니, 깨닫게 되는
그 옛 어른들의 말씀
진정으로 다가온다
빨간 나뭇잎이 매달려 있는
나뭇가지에
파란 하늘이 캔버스같이
꿈을 그린다
지금은 가을
내 인생도 가을
흐르는 시간의 강물 따라
흘러가지만
꿈의 씨앗이 자라
꽃으로 맺히길
기도한다.

저녁의 우울

때때로
하늘을 보며
하늘을 원망해 본다

한없이 못나 보이는 내 자신
그냥
덧없는 인생이란 생각이다
터벅터벅 어떻게 살아왔다
온갖 추한 꼴을 보며
어떻게 살아왔다
부족하지만
내 스스로를 위로하며
격려의 잔을 나누기도 했다
나는 지금 무얼 하고 있는가?
그냥
황야를 터벅터벅 걷는다
못난 세상도
잘난 세상도
누구나 한번을 살다가는 법
저녁 어스름에
불쑥 찾아온 고독과 우울
애수의 빈 잔을 찾으며
또 하루를 보낸다.

새벽에 나 혼자

비가 추적추적 내리는

집 앞
슬픔 같은 비가
차갑게 내리는데
왜 나는 혼자인가?
빈 세월을 보내왔기에
남은 게 없다
사랑 없는 껍데기 삶
가슴에 시린 통증을 참으며
쓸쓸히 집 앞에 서 있다
밀려오는
밤의 시간은
생각의 파도를 이루지만
답 없는 인생에
허전함만이 가득하다
까만 어둠 속에
빗방울만이
나를 툭툭 치며
잠을 재촉한다
가야 할 길을 가는구나!
혼자
어둠을 붙잡고
미래의 램프 빛 앞에
나를 그려본다.

이 시각에 나는 2

가을밤
비는 내린다
그리움이란 비가
추억의 우산 쓰고
걸어가는 길
낙엽 밟으며
마음의 소리
속삭인다
이젠 술 그만 마셔요
담배도 조금 피워요
그래
그래야지
너를 만나는 날
가느란 이 팔로
너를 안고
따스한 인생길
살아가야지
돌담이 있는 고궁
너와 걸어야지
파아란 하늘 밑
너와 나
둘만이 살고 있고

우린 영화 속에
주인공이지
로맨스 코미디로
이 쓸쓸한 삶
웃으며 살아야지
가을밤
귀뚜라미 자장가로
그리움 재우고
추억의 담배 연기
뽀오얀
이 밤의 안개
그리움
설레임
허전함
달래야지
너의 얼굴
하얀 미소
그려야지

낙엽

가을 찬 바람이 불면
가슴을 헤치고 들어오는

가로등의 불빛
그 아래
하나둘 쓸쓸히 누워있는
작은 인생들
지난여름의 태양 빛 속에
푸르던 모습은
쓸쓸한 표정으로 변하여
작은 이별 속에 거리를 뒹군다
세상의 모든 빛들이
가을로 물 들어가는
계절의 이정표로 너는
세월을 노래한다
거리에 발자취 아래
때 묻은 얼굴로
지친 시간들의 꿈으로 변해
마주한 포도 위에 하나둘 내려앉는다
삶은 이다지도 고단한데
고독을 품은 마른 얼굴은
가을빛 속에 메마른 슬픔이다
인생처럼 떠나가는 그 이별의
기차처럼 거리를 떠돈다.

이 세상 모든 것

변하는 세상 속에서
변하지 않는 게 있는가?

어제의 오늘도
내일의 오늘도
그날의 오늘도

오직 하나
변화하는 것

모든 것이
변하면서 굴러가고
굴러가면서 변한다

쓸쓸한 어제도
쓸쓸한 오늘도
쓸쓸한 내일도

밝은 햇빛과
맑은 빗속에서
새로운 미래를 맞는다

오직 하나
변화하는 것만이
유일한 진리다

너의 얼굴도
나의 얼굴도
그의 얼굴도

시간의 흐름 속에
각각의 모습을 갖는다

너의 사랑도
나의 사랑도
그의 사랑도

떨어져 뒹구는 낙엽으로
쓸쓸하게 가을빛으로 물든다
모든 게
변하기 때문에.

현실이 아닌 꿈

우리에겐 쓸쓸한 어제가 있다

우리에겐 비내리는 오늘이 있다
우리에겐 바람만 부는 고독의 날이 있다

해는 뜨고 지지만
밤도 오고 가지만

숙제처럼 미루던 모든 약속들이
새싹의 얼굴로 슬며시 얼굴을 내민다

가고 싶다
먼 나라로
알 수 없는 미지의 곳

상상이 안 가는 나라
환상만 있는 나라
별빛과 무지개가 있는 나라

햇빛이 싱그러이 춤추는 가을의 오후
낙엽이 떨어진 그 오솔길에
너라는 신비와 함께 걷고 싶다

따스한 커피향이 피어오르는
카페의 어느 시간 위에
너와 나의 눈빛이
햇살처럼 웃는 그 곳에

가고 싶다
먼 나라로
알 수 없는 미지의 곳

이슬같은 꽃들이 피어서
샤갈의 그림같은
꿈들이 빛나는 그 곳에

가고 싶다
빗소리가 음악으로
흐르는 그 곳 작은 카페에

가고 싶다.

비 개인 하늘

파란 하늘 그 위로
가로그은
고가선이 놓여 있다
전철이
빠르게 지나간다
마음의 바람을 타고
나는

날아간다
너의 작은 손을 잡고
푸른 나라로 간다
꽃들이
행복한 그 곳에
너와 나는
커피를 마시며
낭만을 얘기하고
지나간 추억의 맛을
되씹어 본다
가을 바람이 분다
날리는 옷자락
너의 미소 띤 얼굴에
밝은 그림자
가을 하늘 위에
가로그은
고가선이 놓여있다.

사는 동안

살아가는 동안
여러 꼴을 보았다
좋은 일

슬픈 일
기쁜 일
아픈 일
다양한 일상 속에 뼈저린
체험 속에
삶의 허망과
사회의 허망
역사의 허망함을 보았다

어떻게 사는 게 잘 사는 걸까?
누군가에게
그 현명함에 대해 묻고 싶다

살아가는 동안
여러 꼴을 보았다
더러운 일
치사한 일
아니꼬운 일
별별 일을 다 겪으면서
인간이 살아가는 일에 고민했다

살다보면 살아갈 만할
일도 경험 한다
향그러운 일
부드러운 일
달콤한 일도

때때로 느끼며 산다

실타래처럼 얽히고 설킨
인간사에 대한
체험적 진실은
고통 속에서 살아가는 일은
꿈 때문이다
꿈
꿈이 끝나면
인생도 끝난다

추악하지만 꿈꾸며 사는 인생
거기에 작은
행복이 숨쉰다.

때때로

어느 가을날에
낙엽이
눈꽃으로 떨어지는
아름다운 시간에
너와 나는 만났다

때때로
그 기억이 생각난다

행복의 노을이 저물 때
따스한 향기의 차 한잔과
다정한 눈빛의 대화가
서로에게
미소 지울 때
작은 행복이 꽃피었다

때때로
그 기억이 생각난다

싸늘한 바람이 불어와
옷깃을 여미고
꿈을 향해
걸어갈 때
다정한 너의 말 한마디
힘내세요 하던 그 말

때때로
그 기억이 생각난다

생의 처음에서 멀어져 가는 순간
그 시간의 줄을 잡고
보이지 않는 미래로 향할 때

너의 침묵의 미소

때때로
그 기억이 생각난다

가을꽃이
파란 하늘 밑에
방긋 웃으며 하는 말
향수병에서 풍겨내는
희망의 향기와 빛

때때로.

상상의 미로에서

세상에는
다양한 꽃
다양한 꿈
다양한 길
다양한 고통이 있다
이 다양성이
인간을 만들고
사회를 만들고
세계를 만든다

이 다양성이
그래서
복잡하지만 추상적이지만
갖가지의 인생의 파노라마를
연출한다
생명의 드라마는
다양성이다
기쁨과 슬픔
사랑과 우정
고뇌와 고독의 꿈이
그려내는 인생이란
캔버스의 노래는
단 한 가지만
되지 않는다
복잡한 세상
그러나
다양성은 또한 단순성이다
직선이 아니라 곡선이
역사이다
오늘도
시간의 풍경들을
바라보며
내일의 꿈을 꾼다
매일 꾸는
어떤
꿈을.

희미한 추억 속에

안개 밭에 꽃을
꿈속에 그림을
환상 속에 사진을
추상 속에 시를

당신이 그린 모든 것들
찾아도 찾아지지 않는
희미한 기억 속에 것들
헤매이며
설레이며
헉헉거리며
사막 같은 이 길을 걸어왔다
밤하늘에 빛나는 별
깜깜한 밤
작은 촛불 같은
희망
그 긴 기다림
오래 걸어왔다
산 중의 산
강 중의 강
들판 지나 숲길을 향해
걸어왔다
모든 추억의 시간 속에

똑딱이며
걸었다
너라는 추상과 환상을 찾아서
먼바다에 있는
너라는
섬.

종로에서

가을 하늘 아래
눈 시린 도시의 모습
그 옛날의 자태를
간직한
반가운 건물이 아직
그대로 있었다
파란 하늘이 내려와
걷는 발자국마다 고이고
출렁였다
춤추는 마음의 결을 따라
가을 잎처럼
바람에 흔들리며 걸었다
오고 가는 사람들 속에서
고요한 정적의 빛이

가을하늘 아래 알 수 없는
신비로 마음을 흔들었다
도심의 정취를 보며
아직 살 만한 세상이란
표정을 지우며
푸른 가을하늘 아래를
도심의 거리를 걷는다
작은 희망의 노래가
도시에는 흐르고 있다.

창밖을 보며

감이 익어가고 있다
어떤 계절감이 붉게 다가온다
어느 배우의 샹송이
낙엽처럼 책상 위에
떨어진다
가을의 향수를 주워들고
상상 속의 나라로 떠난다
아무도 없는 곳에
작은 오솔길을 걸어간다
꿈일 수도 있지만
소녀의 손을 잡고 향기를 따라간다

농가의 굴뚝에 연기
다정한 냄새가 난다
눈빛 너머의 그림들이
작은 풍경화처럼 낯익었다
먼 곳을 바라보는
소녀의 눈은 호수로 변하다
그 호수에 달이 뜨고
별이 빛난다
방 안이다
살아온 날들이 내게 묻는다
어디를 향해 가고 있냐고
그냥 가고 있다고 답한다
세월의 열차를 타고
낙엽 지는 세상을 향해 달린다고.

작은 꿈의 날들

산다는 게
마음의
가시방석이다
이러지도 저러지도
못하면서
안절부절이다

앞을 향해 나가려 해도
짙은 미로와 안개 때문에
이리저리 헤매고 있다

산다는 게
이제
추억을 먹고 마시며 산다
좋았던 일
나빴던 일
슬펐던 일
모든 게 낙엽처럼
바람에 휘날린다

산다는 게
작은
절망의 걸음들이다
힘겹고 버겁다
그래도
또 걸어간다
미지의 그 무엇을 찾아

산다는 게
온통 암흑이지만
마음에 불빛을
등대 삼아 항해를 한다
그 어느 항구를 향해

꿈과 희망 그리고
모험의 돛을 달고.

가을비가 내리던 날

비가 내린다
가을비 같지가 않다
장맛비 같다
폭우처럼 내린다
오래전 어느 날
나는 너와 헤어졌다
공중전화에서
슬픈 고백을 했다
그때도
비가 내렸다
적은 비였지만
마음의 비는 오늘 같은
비였다
슬픔이 고인 거리를
술에 취해 걸었다
비에 흠뻑 젖었다
거리의 불빛들이 흔들렸다
마음의 거친 비가

나를 흔들었다
너에게 물들어 있던
나에게
찬비가 내렸다
열정은 싸늘한 찻잔처럼
식었다
비가 내렸다
오래전 어느 날
비가 내렸다
마음속에 비가.

돈키호테

때로는 꿈을
무모하게 밀고 나가는
어떤 유형의 인간이
필요하다

현실적이지 않아도
환상을 현실로 믿고
달려가는
비현실적인 사람이 필요하다

어둡고
비가 내리고
천둥·번개가 내리쳐도
벌판을 향해 달려나가는
그런 사람

낭만과 사랑에
자신의 모든 것을 거는
그런 인물이
필요한 시대가 있다

작은 확신과 신념이
폭풍우 속에도
미지의 대륙을 향해
나아가는 돛단배처럼
출렁이며
항해하는 꿈

신비와 무지개를 좇아
살아가는
그런 존재가
때론 세상을 아름답게 한다

거친 세상을 평화롭게
웃음 짓게 하는
그 시대의

로맨티시스트가 절실한 시대다

돈키호테의 꿈과 환상
용기가 필요한
지금
이 순간이다.

나 혼자서 간다

스스로에게 묻곤 한다
오래전에
나는 무엇을 하였을까?
늘 혼자서
책을 읽었다
무슨 의미인지도 정확히 모른 채
책이 풍기는 향기가 좋았다
아마 그 향에 취해서
살았으리라
서점에서 한 권 한 권 고른
그 책들이
방 안에 가득했다
읽지 않은 책들이 많았지만
마음은 항상 즐거웠다

그들과 함께 한 나의 인생
지금은 책 읽기가 힘들어졌다
세상 번뇌가
마음에 가득하여
책이 머리에 들어오지 않는다
모든 걸 비워버리고
남은 인생을
책을 읽으며 살고 싶지만
가슴 가득 고여오는
이 허전함
스스로에게 묻고 답한다
외롭고 고독한
나의 하루하루가
저절로 깊어지는 가을하늘처럼
맑아진다면
책과 함께
살아가리라고.

보고 싶다

노자 도덕경을 읽다가
어느 구절에서
눈이 멈춘다
무욕하면 묘한 것을 본다고
결심하고
무욕(無慾)하려 했지만
마음속에
가득 차 있는 욕망이
이미
뼈와 살이 되었기에
무욕의 마음은 먼 나라
과연 그 묘함이란
무엇일까?
너무 궁금하다
세상 이치가 묘하다고 들었다
누가 그리 무욕하여
그 묘함이
세상에 있는가 싶다
사람마다 가득 고인
욕심의 덩어리들
세상은 스스로
망가져 가는데

어느 무욕이 있어
세상에 묘함이 있는가?
알 수가 없다
세상은 욕망의 전쟁터
서로 뺏고 뺏는다
사람 사는 곳에
과연 마음 비움의 경지가
가능한가
묻고 싶다
오늘도 스스로 비움의 향해
가려 한다
마음만이라도
아주 잠깐이라도.

너를 그리워하며

세상에 없는 그 무엇을
찾는지도 모른다는
회의감이
무럭무럭 가슴에 인다
너는 어디에
있나를
고민해 본다

만약에
너를 만난다면
무엇을 할 수 있을까?
무엇을 할 수 있을까?
회의감이
무럭무럭 가슴에 인다
아마 어딘가에
너는 스스로의 향기로
현실과 꿈의 날개로
세상을 비상하려
할지도 모른다
그 고요한 모습
두 눈에 가득 고인 정감의
언어로
아름다운 이를
그리워했다
가을 나뭇잎처럼 앙상한
이 계절은
아직 철없는 나를 책한다
부는 바람의
인연
잠깐의 스침 속에
너는 있는지도 모른다
과연
나의 날들은 올까?
어딘가에 호수에 스스로를

비추며
매혹당하는 너의 눈빛
작은 그리움을 안고
텅 빈 공허 속에
파란 가을 하늘을
올려다본다
구름 저편에.

소인배

눈을 씻고 찾아봐도
큰 인물
보이지 않는다
평생을 소인배만을
보아와서
대인의 기품을 갖춘 인물을
보지 못했다
소인배들의 특징은
시기 질투는 기본이고
패를 짜서
남을 죽이려는 데에
열을 올린다
멋은 없고

이기적 계산기처럼
주판알을 굴리는 소인배들
내가
그나마 다행이라면
내 자신 역시
한갓 소인배였을 뿐이란
사실의 깨달음이다
이런 자각이나마
하면서 살아가는 게
다행이다
소인배들의 세상
소인배들의 천국
소인배들의 나라
서로 죽이고 죽는
모진 세상에서
큰 눈을 뜨게 하는
큰 인물은 없나를 찾아보지만
소용없는 짓이다
대인의 씨를 말리는 사회에서
찾아오는 것은
까닭 모를 슬픔이다
이 사회
이 나라
이 역사가
어떻게 될지 모르지만
스스로의 소인배임을

알고
조용히 책을 보며 살고 싶다.

나의 꿈

퍼져갑니다
번져갑니다
물들어갑니다

나의 꿈들
나의 사랑
나의 고독

퍼져갑니다
번져갑니다
물들어갑니다

바람처럼 흐리게
노을처럼 붉게
운명처럼 느리게

퍼져갑니다
번져갑니다

물들어갑니다

시간 속으로
정적 속으로
희망 속으로

퍼져갑니다
번져갑니다
물들어갑니다

나의 꿈들
나의 사랑
나의 고독

밤하늘 별처럼
빛나면서.

가을 잎사귀

가을잎 빨갛게
부끄러운 미소를 지울 때
태양 아래
정다운 그 햇살들

살며시 걸으며
주위를 살펴본다
계절 색 잎들이 서로를
탐내며 웃고 있다

정다운 거리의 수목들이
어깨를 기대며
소곤거린다

불어오는 산들바람은
지친 발걸음에
미소짓는다

세월의 비
세월의 눈
세월의 바람 맞고

서 있는 가을 잎이며
너의 꿈은
메아리처럼 울려
하늘 깊이 올라간다.

어둠 속에 불빛

꿈의 길을 걸었습니다
당신에게
작은 편지를 썼습니다
되돌아오지 않을
메아리인 줄 알면서도
밤의 외로운 가로등 불빛이
초조하게 빛나고
살아가는 길이
너무 쉽지 않기에
거리의 나무처럼
비바람을 맞으면서 혼자
울었습니다
찬 서리 내리는 새벽에
쓸쓸한 골목길에
그대의 빈 뒷모습을 바라보며
빈 시간들의 흔적을
보았습니다
아픔의 꿈들이 나를 울게 했습니다
그리운 추억의 모습처럼
나의 꿈의 길은
안개 속의 서성거림이었고
고독의 기도처럼

인생의 바다에서
배는 표류했습니다
지금 바람이 불고
내 안의
시간의 기억들이
꿈의 길을 걸으며
지난 일들을 어루만지며
나의 길을 가고 있습니다
혼자 걸어가는
시간 안의 나의 모습은
고독했지만
모든 사람들처럼
어둠 속에서 흔들리는
물빛저럼
길을 가며 당신을 바라보았습니다
어제 꿈의 길
그곳에서 나는 외로운
불빛을 보았습니다.

알 수 없는 시의 표정

거리의 서 있는 나무
그가 무슨 생각을 하는지

전혀 알 수가 없습니다
메마른 도시에 부는 바람
그가 무슨 생각을 하는지
전혀 알 수가 없습니다
하늘을 날아가는 새의 날갯짓
그가 무슨 생각을 하는지
전혀 알 수가 없습니다
모두가
그냥 스스로 알아서
세상의 의미가 되고
존재가 되어
서 있고
불어오고
날아갑니다
오늘도 나는 거리를 걸으며
생의 무표정을 읽으며
하루를 살아갑니다
당신이란 존재
그 표정 안에 깃든 따스한
의미들만이
내 외투 안을 파고듭니다
외롭게 꿈을 안고
꿈길을 걷듯이 그냥
생의 길을 걸어갑니다
노래에도
작은 표정의 몸짓이 있듯이

스스로에 맞게
자신의 춤을 추며
이 고독한 세상에서
자신의 목소리로
사랑을 노래할 뿐입니다
시의 음울하고
잔잔한 그런 울림의
표정일 뿐입니다
허공의 깃발처럼 서 있는
나의 노래입니다.

어딘가에 있는

나는 당신을 위해
하이얀 백지 위에
시를 씁니다
고독의 펜으로
저 멀리
산과 들 너머에
바다 저편에 있는
소녀에게
시를 씁니다
외롭고 메마른 감정이

아닌
당신의 방에
잠든 그대 모습
잠든 그대 눈빛
잠든 그대 꿈 빛
잠든 그대 환상
이 모든 것에 촉촉이
내리는 비처럼
내 마음속에 감성처럼
당신의 영혼 앞에
나의 노래를 씁니다
가을의 낙엽이
하나
둘
떨어져 내리고
긴 가을날이 햇빛이
당신의 얼굴을 비출 때
파란 가을하늘의
잉크에
펜을 담그고
머나먼 당신의 그곳으로
나는 장밋빛의
편지를 씁니다
나의 시이요
나의 꿈을 씁니다.

무엇을 보았는가?

태곳적 파도치는
해변
그 숨결이
넘실대는 바다의 호흡

햇빛 사이로
알을 깨고 나오는
한 마리 새

폭풍우 치던 날
새벽에
먼동 속에서
피어나는
꽃

별빛이 반짝이는
밤하늘 아래
방 안의
사랑

이것들은 무엇인가?
왜

태어나고
날아가고
왜
사랑하는가

무엇을 보았는가?
그 신비
그 고요
그 환상

아무것도 아닌 세상
왜
생명은
그 비밀의 열쇠를
갖고
살아가는가?

알 수 없는 수수께끼인
생명
안개 속의 길
모순

누가 알 수 있고
누가 볼 수 있는가?

그저 신비와 환상인

세상의 거짓

길을 갈 뿐이다
주어진 길을

빛나는 별처럼
한 송이 꽃처럼

파란 파도처럼.

나의 종교

꿈을 찾아 떠나는
새처럼
고향 떠나 날아가는
새처럼

바람 앞에 흔들리며
하늘을 향해
가고 있다

어디가 어딘지를 모른 채
휘청거리면서

흐린 하늘로 날아간다

세상은
신성한 사원
왁자지껄한 세상에
나의 종교는
고독

깜깜한 어둠 속에
피어난 촛불

알 수 없는 심연 속에서
다시 태어나는
시인의 운명

마리아나 릴케
그의 눈동자가
생각난다

그 깊은 눈의 응시
생명의 본질을
투시한다

오늘도 나는
종교의 외투를 있고
고독의 사원으로

떠난다.

살아가는 방법

어떤 주의 주장이
있다 해도
결코, 사회는
과학적으로 돌아갈 수 없는
운명

많은 사람들이
어떻게 살 것인가를
고민한다

각자마다
알아서 살게 되지만
방황 속에 살아간다

평생을

어떻게 살 것인가?
무수한
종교적 답안이 있다

꿈을 향해서
임을 향해서
신을 향해서

그러나

물 흐르듯이
사회도
개인도
연인도

그저
흐르는 물처럼

사회도
개인도
연인도

물 흐르듯이.

가을비 내린다

책상에 앉아 이런저런
잡념을 생각한다
내가 잘살아가고 있나를
고민한다
이렇게 선선한 가을에
여자친구 하나 없이
매년 맞이하는
가을 복된 날씨
지금 비는 내린다
우울한 방 안의 공기
이 고민 저 고민
방안에서 데굴데굴한다
꿈을 꿔보려 해도
불안한 잡념이
나를 부여잡고 씨름은 한다
그냥 이렇게 저렇게
살아는 거지
하면서 버텨본다
비 내리는 창밖의
감나무 하나
익어가는 감들이 주렁주렁
생의 결실이 없기에

그저 우울하다
늦가을에
익은 감을 먹으며
세월의 약으로 삼아야겠다
이렇게 비가 내리는 날에.

우산 속에

비를 맞으며 걷는다
그날이
언제인지는 모르겠다
비 오는 거리를
우산 속에서 걸었다
옆에는
따스한 그녀가 내 곁에 있었다
내리는 비의 차가움이
우산 속의 정감이
깊어졌다
그때 그녀는
무슨 생각을 했을까?
설레이는
두근거리는
수줍게 피어나는 황홀감

아마 같은 마음이었을까?
그날 그 거리를
그녀와 같이 걸었다
비 맞는 상점들
뚝뚝 떨어지는 빗방울
흐린 하늘이
방긋 웃는 듯했다
고인 빗물에 비친 모습
아마도
그건 젊은 날의
작은 행복
비를 맞으며 걷는다
우산 속에
두 사람
멀어지는 거리에서
우린
추억을 나누었다
그 어느
비 오는 날에.

아름다운 그림자

그녀의 눈빛

그 꽃그늘 아래
피어난 맑은 보석

살아가는 일이 힘겨워
웃어야 할지
울어야 할지
모르다가
문득 떠오른 눈빛

그 그늘 아래
생의 보석이 피어난다

거리의 가로등
그 길을 걷다가
문득 떠오른 눈빛

그 그늘 아래
추억 색 보석이 핀다

거리의 많은 사람들
각양각색으로
살아가지만

그 꽃그늘 새기고
살아가는 이가
많지 않다

어느 날
밝은 달 보다가
떠오른 눈빛

그 꽃그늘 아래
생의 보석이 빛난다

그 눈빛 아래에.

비가 내린 후에

하늘이 파랗다
어제 비가 그렇게 많이 오더니
오늘은 활짝 개었다
살아가는 일도 그렇다
생의 흐린 날도 있고
파란 하늘처럼 맑은
날도 있다
마음의 상심이 큰 무게로
우리를 짓눌러도
영원한 것은 아니다
뚜벅뚜벅 걸어가는 일

스치는 모든 풍경에서
맛을 느끼며
생의 고지를 향해
걸어가는 일
그게 중요하다
오늘도 나는
이름 없는 시인의 운명처럼
빈 공간에 한 편의
시를 쓴다
힘겨운 하루를 무사히 넘긴
후에 기도처럼
나는 나의 신성한 일을 한다
무상한 일처럼 느껴지는
하루가 새벽의 이슬처럼
반짝일 때
나는 나의 작은 기도를
완성한다
꿈을 적고 편지처럼
낯선 어느 곳에 부친다
사랑의 빗방울이 떨어지는
어느 한적한 곳에
내 시는 도착하리라
꿈과 희망
사랑이
도착하리라
비 개인 오늘처럼.

비 내리는 카페의 추억

어제 내린 비는
추억의 향기
검은 그림자의 미소
그 탁자의 찻잔
아름다운 향기
그 따스한 맛
고향은
어린 시절이었고
그 기억의 날들은
카페에서
우수를 입고
앉아 있을 때 찾아온다
다정한 사람끼리
향수 같은 입김으로
표정 같은 대화를 나눈다
가끔
멀리서 다가오는
지난 기억들
시간의 초침처럼
머리에 스친다
한 잔의
여유를 마시며

추억의 꿈속에
내리는 비를 보며
미끄러진다
창밖에 표정 속에
아쉬운 날들에 대한
날아가는 새들의
날개들
흐린 날에
그 카페에는
추억의 빗물이 흐른다.

너에게 보내는 꿈

어제의 걱정과 근심
오늘
이 맑은 하늘 아래
털어버린다
산다는 근심
그것도 살아가는 힘
모든 것을
질근질근 씹으며
풀잎 같은
생을 살아간다

바람에 나부끼는
풀이지만
억새풀의 그 강인함
살아가는 보람
힘겨운 나날의 모든 바람을
저 멀리 날려 보내며
파란 하늘의 미소처럼
세월의 낚시를
바다에 던진다
버텨야 이긴다
그냥 간다
그냥 살아간다
가벼운 공기 같은 몸으로
고지를 오르는
어느 병사의 눈빛
나를 깨우는
희망의 편지다
산다
살아간다
오늘도 내일도.

어제 내린 비는

가을비가 내렸다
빛나던 가을 햇살의
눈물이
하루종일 긴 시간의 우수
속에 조용히 내렸다
그 빗속에
작은 희망 같은 꿈들도
소리 없이 내렸다
골목길 속의
정적의 시간이 흐르고
비는 눈물의
아주 먼 여운으로
추적추적 내렸다
방안에는
향기 같은 고독이 앉아서
시를 쓰고 있었다
햇빛은
빛나던 눈물을 뿌리면서
어둠으로 뒤척이고
가을의 어스름한
시간들이
밤새 힘겨운 눈물을 흘렸다

비는 재즈처럼
변주를 하며 흐르고 있었다
어제
비가 내렸다
햇살의 눈물이
밤새 내렸다.

가을 은행잎

잔잔한 가을 시간
너의 잎은
노란 물결의 파도

넓은 바다를 물들이는
가을의 노래

세월의 파도 속에
피어나는
기적의 잎

때때로
살랑살랑 떨어지는
고운 자태의

가을빛 미색

살고지는
너의 미소
하늘 아래 너의 유혹의
가을잎

때때로 너는 가을의 노을.

불어오는 바람

외로운 바람이 분다
고독한 바람이 분다
적막한 바람이 분다
가을날의
눈부신 햇빛이 거리를 비추면
바람들은 저마다의
생각을 품고
사람의 마음에 다가온다
외로움은 아쉬운 미련
혼자 길 떠나는 사람에게
손수건을 흔드는 애인
실로 혼자 떠난다는 것

혼자서 공중에 휘날리는
애수의 표정
가슴에 꽃을 꽂고
작은 가게에
마루에 들어가 먼지를 털어낸다
실로 고독한 것이
세상은
혼자 떠나는 여행길이기에
고독의 향기를
맡으며 점점 더 멀리 떠나는 길
꿈의 바람이 분다
빛의 바람이 분다
별의 바람이 분다.

아름다운 모험

나는 혁명가 아니다
나는 개혁가 아니다
나는 운동가 아니다

나에겐 주의 주장이 없다
이념도 이데올로기도 없다

나는
단지
아름다운 모험가이다

꿈의 바다와
꿈의 우주를 떠도는
모험가이다
책을 읽고
음악을 듣고
영화를 본 것은
아름다운 모험을 하고 싶기 때문이다

아름다움의 향기가
이 세계를
뒤덮는
그런 날을 기다리고 바란다

어느 날
모차르트를 듣다가
아름다움을 향해 나아가는
어떤 돈키호테를
꿈꿨다

그게 단지 꿈이었을 지라도
인생의 긴 항해는
어떤 정착지

아름다운 항구로 향하는
나의 배

지금도
나의 항해는 계속된다
진실로
쓸쓸한 이 운명적 삶 속에서
넓고 깊은
아름다움을 찾아 떠난다

나는 아름다운 모험가이다.

세상 모든 것

어제저녁에
욕을 하며 생각한 그 사람
그가 내 인생의
선생

어젯밤에 산책을 하다
만난 그 가로수
그가 내 인생의
선생

지난 아득한 시절
술집에서 듣던
친구의 그 욕설
그가 내 인생의
선생

찬 바람 불던 어느 겨울날
집안의 활활 타오르던 그 스토브
그가 내 인생의
선생

가을비가 쓸쓸히 내리던
어느 카페의 그 음악
그가 내 인생의
선생

초겨울 들판 저편을
날아가던 그 철새들
그가 내 인생의
선생

스치고 부딪혔던 그 모든 것
그가 내 인생의
스승.

밤

어둠이 깔리는 저녁
산책을 나갔다 왔다
약간의 차가움을 느끼는 때에
짧은 거리였지만
역사
인간
인류의 미래는 과연
어떻게 될 것인지를
농담처럼
생각했다
현재에 충실하라는 말이 있다
말은 옳다
따지자면 미래도 현재다
우리는 늘 미래 속에 산다
과연 현재가 있는가?
끊임없는 변화
나의 얼굴도 매일 변한다
나이를 먹어가고 있다
이젠 건강 하나만 걱정하자고
마음먹지만
머리에 든 게 없는 나는
왜 이리

인류의 미래를 고민하는가?
알 수 없는 일이다
그저 먹고는 사니까
쓸데없는 생각들이
머리에 많은게지
아직 배가 고프지 않다
부엌엔
김치찌개가 있다
오늘 저녁식사는
향기로운
김치찌개와 함께한다.

밤 2

밤이면 머리에 떠오르는 게 많다
대부분 잡념에다
지난 일들에 대한 분노다
참고 살자고 다짐한다
이 세상에 얼마나 많은
분노와 화가 잠복해 있는가?
그 분노와 화를 다 터뜨리면
과연 이 세상 지구가 온전할까 싶다
그냥 살아가다 보면

좋은 일도 있겠지 여긴다
사람으로 태어난 것도
복 아닌가 하는 생각이다
파리 모기 벼룩으로 태어날 수도 있는데
어떤 신비한 선택이 있어
사람으로 낳을 수 있는가?
그럼, 사람으로 태어나서
이 벼룩파리 모기 나은 팔자인가?
이건 어디까지나 인간의
편견일 수도 있다
은하계 밖 어느 별에서
태어날 수 있는데
왜 하필 이 지구란 별에서
살아가게 되었을까?
어떤 별의 먼지 하나로
살아갈 수도 있는데
오욕칠정과 생로병사 다 겪으며
살아가야 할 인간의 운명은
무엇인가?
운명의 장난도 가혹하지 않은가?
이건 웬 뚱딴지같은 생각들
그냥 사는 거다
이렇게 저렇게 살다가
한 번은
가을 낙엽처럼
지고 마는 거다

아쉬운 미련없는 사람 어디 있을까?
밤은 어둡고
공허한 생각들로 가득 채운다
밥이나 먹자!!!

어느 이별의 노래

가을날에
철 지난 햇빛이 웃고 있을 때
그 시절의 밝은 기억이
단풍처럼
물 들어가고
떠나간 옛사랑의 그림자는
마음 깊은 곳에
번진다
아쉬운 마음과 아쉬운 미련은
기차역의 정적처럼
눈앞에 어떤 추상의 노래로
남는다
떠나간 모든 것들에게
작별인사를 한다
다시 오지는 않을
시간의 노래는

저녁놀을 물들이면서
어둠의 시간 속에
꽃피어 난다
길가에 코스모스
하늘하늘 바람에 흔들리고
언덕에 구름만이
세월의 흐름처럼
머물러 있다.

가을비의 추억

찬 바람이 불어오는
어느 저녁에
혼자 길 위에서 서성인다
비가 내린 후에
세상은
가을색 쌀쌀한 기온이
거리 위에
두터운 복장으로 감싼다
그 가을의
어느 날 이었다
가을빛으로 변해가는
세월의 길모퉁이에서

그 사람과 헤어졌다
마음 가득 고인
차가운 가을빛처럼
침묵 속에
서로를 떠나보냈다
편지에 서린
어떤 정감처럼
침묵의 말은 우리를
묶어둘 수 없는 고요였다
빗속을 걸으며
음미했던 수많은 말들의
잔상 속에서
미련의 움직임은
떨어지는 낙엽처럼
작은 빗소리에
고개를 숙이고
가을 속으로 걸어갔다
작은 빗방울들의
환호 속에
우리는 긴 여운의 감상을
끌어안았다
마음에 이별편지 주고받으며
가을비 속에서
멀어져 갔다
다시는 만나지 않을 것처럼.

꿈꾸는 자의 초상

아마 미련 때문일 거야
그래
밤이었지
가로등도 켜져 있고
이별의 종착역처럼
서로에게
설레임의 손수건을
흔들었지
헤어지는 순간의
얼음 같은
긴장감 때문에
그녀는
울었지
바람이 불어서
긴 머리가 휘날렸지
남자는
꿈에 취해 그 순간의
느낌을 알지 못했지!
커피를 주고받으며
고백 없는
고백을 하고
쓸쓸히 돌아섰지

외로운
나그네의 모습으로
어느 카페에 가서
자리에 앉아
슬픈 음악을 듣고
멍하니
그 기차역을 상상했어
추억의 향수가
코를 찔렀지
날개 달린 어느 풍경이
다가와서
노래를 불렀어
옛 추억의 노래를
눈가에 빗물이 고이고
거리로 나가버렸지
길 위에 차들은
무감동한 모습으로
달렸지
그 사람은
길 위에 고독처럼
쓸쓸한
시를 쓰고 싶었고
떨어지는
낙엽 앞에서
울어버렸지
슬픔이

바람에 떨어지는
그 아픔 때문에.

산다는 것은

생각하기 나름이지만
살아가기 힘들고
살아가기 쉽다
꿈이 크면 큰 만큼
힘이 들고
꿈이 작으면
그냥 살아가면 된다
어떻게 사는냐는
자신의 마음에
결정
있는 대로 살면 된다
없는 대로 살면 된다
신이
주신대로 받고
마음 비우면
그냥 살 수 있다
이렇게 남들에게 얘기하지만
이것도

보통 어려운 일이 아니다
항상
들끓고 지지는 욕망
그 불꽃 때문에
어렵고 힘든 게
인생
돌아가는 게 답이란
말도 있다
천천히 가란 말도 있다
말은 쉽지만
실천이 어렵다
자신을 만들어 가는 게
가장 어렵다
말은 많고
행하기 어려운 나약한 의지
나에게 하는 말
바라지 말고
원하지 말고
그냥 가라
끝까지.

가끔은

살다 보면 잊고 싶은
사람이 있다
살다 보면 보고 싶은
사람이 있다

파도의 갈피에 새겨진
각양각색의 얼굴들
가을 속에 살아가다 보면
잊혀진 살아온 흔적이
떠오를 때가 있다

좋은 추억
나쁜 추억
힘든 추억

시간이 빚은 향기 속에
익어가는 세월들

가끔은
파란 하늘을 보면
가을 잎의
쓸쓸함에 눈물이 난다

이 만큼 살아온 날들이
스스로를 물들여 왔다

생각나는 사람들
가끔은
꿈의 얼굴이 있다.

너의 의미

너는 알 수 없는 무지개
가까이 가려 해도
가까이 갈 수 없다

너는 알 수 없는 그림자
늘 곁에 있지만
만질 수는 없다

너는 알 수 없는 수수께끼
의문투성이지만
그러나 정답은 있다

돌아가는 어느 모퉁이에서
본 너의 모습
사랑스럽지만 사랑할 수 없다

꿈꾸듯 살아온 시간 속에
너는 언제나 빛나는
환영

가슴 속에 간직된
섬 하나
철새만이 갈 수 있는 곳

언제나 마음의 빈 공허를
너는 채우고 있다

너라는 힘
살아가는 의미이며
존재의 꿈이다.

당신이 잠든 밤에

도시의 밤
고독이 날개를 펼치고
날아온다
작은 지붕들 위로
내려와 슬픈 정적 속의
마음에 속삭인다
그리운 이가 없는 밤에
음악 같은 고독이
아름답게 눈송이처럼 빛나면서
넓은 방 안에
담배 연기로 피어오른다
책상에는
쓰다 만 편지가 있고
펜은 혼자서 술을 마신다
잠은 오지 않고
고독과의 데이트는
누구를 위한
밤의 소야곡인가?
지금 그곳에는
역시 고독의 안개가 어리고
잠을 위한 수면제가
당신을 기다리고 있다

잠에 빠진 당신
순간을 영원처럼 느끼는
어둠 속에서
당신의 꿈은 어디에 있는가?
한편의 드라마 같은
스토리가
주고받는 대화처럼
이 밤의 고독은
혼자 시나리오를 쓰고 있다
지금 긴장과 스릴을 지나
로맨스의 절정과 위기에서
밤은 꽃을 피운다
고독과의 만남에서
이뤄지는
당신 그리고 고독 그리고
쓸쓸한 내 마음의 협연으로
한 편의 멜로 드라마가
펼쳐진다.

걸어가다

작은 시작부터 한다
나무에 맺힌

붉은 꿈 하나를 위해
바람은 불었고
세월의 강은 흘렀다
지난 일은
이미 철 지난 사건들
피아노 건반처럼
소리 나는 모든 것을 위하여
쓸쓸한 비는
위로의 입맞춤으로 사물을
적시고 있다
제자리를 찾아가고 있다
별들의 운행처럼
빛나면서 가고 있다
후회와 미련을
던져버리고
다가올 미래를 위하여
파란 하늘에
백지의 노래를 한다
꿈꾸는 자여
소리 높여 하늘 높이
깃발을 흔들어라
메아리처럼
신의 미소가 다가올 것이다
행복한 종소리처럼
넓고 깊게
그리고 멀리 퍼져나갈 것이다.

떠나는 사람

때로는 떠나가겠습니다
별 볼 일 없는
세상일에 큰 관심 없이
신문을 보듯
그냥 바라보겠습니다
지친 발걸음에
한낮에 태양이
타는 듯이 목마름이지만
잊혀진 시간을 위해
때로는 떠나가겠습니다
당신의 작별인사
마지막 그 눈빛의 말들
가슴에 의미로 담고
때로는 떠나겠습니다
낙엽이 여러 번 지면
아마 다시 올지도 모릅니다
세월의 달력이
바람에 휘날리고
집 앞에
눈사람이 웃고 있을 때
어두운 밤이 오면
다시 오겠습니다

가슴에 장미를 달고
천천히 오겠습니다
때로는 떠나가겠습니다
오늘 하루에
감사하는 어느 무르익는
과일처럼
빨갛게 다가오겠습니다.

오늘은

아침에 일어나
간단히 근처 식당에서
밥을 먹었다
약간은 흐린 하늘빛
방안에서
글을 쓰고 작은 체조를 했다
동네 근처를 산책했다
살아가는 일상의 소소함이
행복이다
내일도 아마 그러할 것이다
그리운 사람은
멀리서 하늘을 보며
꿈을 꿀 것이다

날아가는 한 마리 새를 보며
이 층에서 보이는 감나무
주렁주렁 열린
붉은 감
무슨 바람을 맞아서
저리 자랐는가?
흐르는 시간 앞에
담담히
옛날에 풍경들이 머리를 스친다
살아가는 일
오늘처럼
담담하길.

높이 나는 새

흐린 안개 같은 세상
어떻게 살까?

꿈의 날개
현실의 날개

두 날개로 날아가야 한다

멀리
높이

꿈의 현실
현실의 꿈

멀리
높이

현실만 보면
꿈만 보면

휘청거린다
날 수 없다

꿈의 날개
현실의 날개

두 날개로 날아가야 한다

멀리
높이

날아가야 한다.

미쳐야 한다

최근 어떤 기획을 하고 있다
남에게 말하면
나를 미친놈
나를 넋 나간 놈
나를 정신 나간 놈이라 할 것이다
그러나 미치지 않고 되는 일이 있을까?
물론 기획에서 끝날 수도 있다
도전해 볼 만한 일이기에
머리 싸매고 해보는 것이다
세상일이
미쳐야 할 수 있는 일이 있다
태산을 옮기는 일
바다를 옮기는 일
꿈을 실현시키는 일
다 미치지 않고 할 수 없는 일들
나의 기획은 대단한 것은 아니다
용기를 가지고 실천해야 하지만
스스로도 자책을 한다
과연 할 수 있을까 하고
도전과 모험정신을
가지고 한번 해보려 한다
아직 기획단계이지만

스스로를 위로하면서
앞으로 앞으로 나아가려 한다
남들은
미쳤다고 하겠지만.

어떤 법칙

세상일은 모른다
되다가도 안 되고
안 되다가도 되는 게
세상일이다
낙담 끝에 복이 오고
있던 복도 도로 나가는 게
세상일이다
알 수 없는 이 이치를
어찌 알겠는가?
순탄한 삶 속에도
우여곡절이 참 많다
참아내는 힘
여기에 묘미가 있다
변화하는 게 세상의 법칙
때를 기다리며
살아가는
미끼 없는 낚싯대를
강물에 던지고
세월을 낚는
강태공의 심정으로
하루하루를 살아간다.

슬픔의 시간

살다 보면 어떤 순간들이 있다
이름 모를 새의 죽음
텅 빈 하늘의 정적
그 사람의 뒷모습
거울 앞에 선 노인
살면서 때때로 느끼는
바다와 같은 고독
먹다 남은 약병의 고요
돈 없는 빈 지갑의 초라함
들판에 핀 이름 모를 꽃
세상을 홀로 살아가는
여인의 가느다란 손
마음의 지친 허무감
어느 날 우연히 라디오에서
들려오는 가수의 노래
살면서 느끼는 공허의 순간들이
나에게 다가와 인사를 할 때
생은 슬프고 막막하다
비가 내린 그다음 날의 푸른 하늘
이 모든 게 여린 가슴에
부서질 때 잔잔한 음악처럼
시간의 여운으로 울려 퍼진다.

살아가는 동안

하루하루 작은 일들에서
위안을 찾는다
일상의 일들이
어떤 정적의 명상처럼
느껴진다
당신을 생각할 때
빈 하늘 밑에
살고 있을 당신의 모습
구름처럼
마음에 떠 있는 그 얼굴
생은 큰일보다는
작고 사소한 곳에
행복이 찾아온다
오늘 아침에 커튼 치고
밖을 내다보니
새 한 마리가 보인다
그 단순한 사실이
나를 즐겁게 했다
변함없이 꾸준히 다가오는
하루의 일들
그 안에 내 안도의 시간이 있다
미래를 기대하는 순간도

때론 기쁨이다
그날의 내 모습들
작고 소소한 행복감
그 안에 인생의 귀중한
보물이 숨겨져 있다
평범하게 살아가는 일상
바람처럼 스민 생활의 시간
나의 일상의 나날들
작고 행복한 순간.

빛나지 않는 생

아직 어둡지 않은
시간 안에서 작은 빛을
바라며 살아간다

바다 위에 작은 배
파도에 흔들리는 그 적막
바람이 불면
어둠을 헤치고 나아간다

눈이 내리는 밤이면
지붕 위에 굴뚝에서

삶의 연기가 피어오르고
창문에 수정 같은 빛이 맺힌다

비 내리는 거리를 걷다 보면
쓸쓸히 주머니에 손을 꽂고
긴 거리를 헤매인다
우수의 비 내리는 거리를

침묵 같은 하루를 보내며
어느 먼 곳에서
기적 같은 편지가 오면
마음에 꽃이 열린다

마음의 창문을 열리지 않고
커피를 마시면서
기도에 순간을 가진다
이다지도 길고 긴 날들은
낙엽이 지는 어느 나무 아래에 외롭다

바람 부는 생이었지만
한 번도 달려보지 못한
느린 기차처럼
생의 철로를 나는 달리며 산다.

카페의 밤

소리 없는 목소리

까만 밤에 피어난
달의 노래
달의 고백
달의 음성

빈 들판에 피어난
꽃의 독백
꽃의 호소
꽃의 속삭임

내 마음에 피어난
너의 소리
너의 말들
너의 눈빛의 편지

말 없는 말들의 별처럼 빛나는 언어들.

나의 살던 고향

당신의 뜰에서 뛰어놀았습니다
당신의 뜰에서 웃고 떠들었습니다
당신의 뜰에서 해가 지는 노을을 보았습니다
그곳에는 작은 연못과 시냇물이 흐르고
작은 밤하늘에는 별이 빛났습니다
시간이 흐르고 흘러서
이제 꽤 나이를 먹고 보니
그곳이 생각납니다
마음 깊은 곳에 자리 잡은
나의 고향
당신의 눈매와 콧등
당신의 부드러운 웃음
당신의 하이얀 손
나의 고향은 언제나
꿈인 듯 현실에서 보입니다
강물이 흐릅니다
시간이 흐릅니다
당신이 흐릅니다
나의 마음도 흐르고 흘러
나의 살던 고향을 추억합니다
그림 같던 그 시절이 그립습니다.

끝없는 길

가도 가도 보이지 않는
길을 긴다
단풍이 지고
낙엽은 쓸쓸히 떨어지는데
그대 보이는 자리
저녁노을 속에
황금빛 햇살이 비추는
그곳에
나는 저벅저벅 찾아간다
꿈꾸듯 살아온
생의 긴 여정 속에서
무엇을 위해 살아왔던가?
그냥 길을 향해
걸어가고 있을 뿐이다
그대라는 꿈
그래 나는 무지개를 좇듯이
그렇게 꿈을 향해 걸어왔다
가을빛 물든
빈자리에 어스름 저녁이 오면
연기 피어오르는
어느 집에 그 창문을 보며
기대고 싶은 마음은

떠나는 사람의
작은 열망
한 잎 떨어지는 나무 그늘에서
아직 먼 길을 보면서
나는
오늘도 마냥 걸어간다
그대라는
사연을 향해 간다.

카페의 밤

밤이 오면
카페의 그 자리를 향해
어둠처럼 스며든다
그 조명
그 음악
그 커피
조용히 성냥으로 불을 켜고
담배를 피어문다
세상은 잘 흐르고
세상은 잘 굴러간다
짙은 향기 속에 세월의
여운을 안고

살아가는 자의 슬픔을
시로 담는다
오고 가는 사람들의 풍경 속에서
그 카페는 깊어진다
창밖은
커피색 어둠이 내리고
하나둘 켜지는 불빛
헛된 줄 알면서도
향수병 같은 분위기 속에
나의 시는 익어간다
가는 시간을 막을 수 없지만
순간순간
매초마다 느끼는
사물들의 이야기
그 카페의 깊은 정적이
우리의 희망 같은
등불 아래
시의 어둠으로 물든다.

한 번 간 길은

떠날 수는 있어도
다시
돌아올 수는 없는 길
신비한
시간의 길
회상 속에 그려볼 수는 있지만
꿈결같이 아련한
시간의 비밀
가을날
지나간 먼 길을 돌아본다
기억 저편에
무지개처럼 빛나는
추억의 꽃송이들이 있다
미지의 세계에 대한 동경으로
흐르고 흘러서
여기에까지 왔다
당신에 대한
아쉬운 미련을 가지고
낡은 외투의
손주머니를 뒤지듯
찾아본 당신의 흔적
어린 시절 사라진 장난감처럼

우연히 시간의 창고에서
떠오른 그 얼굴
다시 빛난다
길이 눈앞에 있다
모든 추억을 접어
꽁꽁 숨기고
겨울 빙판을 걷듯이
다시
먼 미래를 향해
꿈을 손수건처럼 흔들며
가지 않은 길을 간다
흘러간 시간 앞에서.

나의 오디세이아

푸르른 바다를 항해하는
나의 꿈
구름처럼
파도처럼
바람처럼
어디로 가는 지도 모르면서
꿈의 바다를 떠돈다
내가 가야 할 이타카

들려오는 사이렌의 노래
흔들리고 부딪치는
마음의 방황
돌아가야 할 나의 고향은
내 꿈의 선착장
새는 날아오르고
희망의 빛은 오색구름
모진 비바람 속에
고통의 노를 젓는다
항해하리라
넓고 넓은 바다를 가슴에 품고
꿈의 항구를 찾아
나는 물결치며 떠돌리라
시인의 감성처럼
영혼의 바다 위에서
한 마리 불타는 황금새처럼
긴 날개를 휘저으며
나의 고향을 찾아가리라
당신이 살고 있는
그곳에
나의 돛은 허파와 같이
호흡하며
꿈꾸기 때문이다.

늦가을에

쨍한 가을 날씨에
산책을 나간다
길 위에 가로수들 한잎 한잎
옷을 벗고
노란 물결이 거리를 메운다
선선한 공기는
폐를 채우고 맑은 정신이
가득하다
살아가는 행복이 느껴지는
신선함이 너무 좋다
단지
살아가는 마음의 무게가
나를 무겁게 한다
비울 수 없는 마음
쓸데없는 걱정들
그저 담담히 살아가면 좋으련만
하늘빛 고운 이런 날에
누군가와 만나
작은 찻집에서 이야기를 나누면
한결 살아가는 정을 느낄 텐데
참 좋은 이런 날에
해맑은 정신으로

작은 꿈을 꾸어본다
이 지상의
행복을.

늦가을에 2

살아가다 보면
떠오르는 정겨운 얼굴이 있다
지금은
서로를 잊고 살지만
이런 가을날에
만나서 살아온 담담한 이야길
나누고 싶다
힘든 세상살이에 걱정고민들
부모 걱정
아내 걱정
자식 걱정
이런저런 고민 하며 사는 게
인생이지만
가끔 옛 추억을 나누며
따스한 웃음을 짓고 싶다
낙엽이 떨어지는 날에
어떤 허름한 찻집에서

그리운 얼굴을
만나면
마음에 묻어둔 옛정을
이야기하며
가을처럼 물들어가고 싶다
살아온 이야기처럼.

살아가는 빛

어제의 어둠이 반사되어
아침의 햇빛 속에
흰 모자를 쓰고
벤치에 앉아 있다
밤의 공기와 사색
그 그늘진 빛이
오늘의
발걸음을 가볍게 한다
시간은 무게를 견디며
하루의 체중을 이겨내며
저벅저벅 무거운 바늘들이
내일을 향해 가고 있다
삶의 그림자들
이런저런 생각 속의 그림들은

때론 아름다운 그림이지만
때론 추상화를 이상하게 보일 때도 있다
현실과 이상의 노을 속에
그 장밋빛 색채는
묘한 여운으로 우리 앞에
서 있다.
꿈이 아닌 현실이기에
현실 속에 꿈을 향한
그 빛을 좇아
우리 모두는 시간을 따라 달린다.

칼국수

흰 밀가루 반죽
거기서 뽑혀 나온
국수가락
매콤하면서 향긋한
국물맛
시원하고 칼칼하다
너를 사랑한다
거의 매일
먹는 칼국수
곁절이 곁들이면

그 맛
더욱 좋다
가격도 적당하다
9000원
이 정도면 서민에겐 딱이다
쫄깃한 면발
구수한 국물 맛
한 끼의 칼국수가
나를 행복하게 한다
깊어가는
가을에
어느 식당에서
매일 먹는
칼국수.

그곳을 향해

끝이 어딘지는 모르지만
시작하려 한다
멀리 보이는 아득한 그곳
흰 구름만이 뒤덮고 있다
과연 걸어서 갈 수 있을까?
까마득한 정상이 그저

아득하기만 하다
시간의 흐름 속에
가을의 물결 속에
그곳은 황홀한 단풍이 물들고
색색의 낙엽이 휘날리며 뒹군다
잘은 모르지만
나도 갈 수 있을 것이다
경지의 세계
꿈꾸는 어떤 경지의 세계를 향한
나의 여정은
지금 개나릿 봇짐 하나이지만
누구도 함부로 도전할 수 없는
막막한 깊이의 세계를 향한
나의 꿈은 실레인다
한 번도 가본 적이 없기에
꿈과 동경으로만
자리 잡은 그 세계에 대한
마음의 바람은
거세게 깃발을 흔들고 있다
가자
그곳으로
그 심오한 경지의 세계로.

그곳을 향해 2

한 잔의 커피를 마시고
잠시
의자에 앉아 사색한다
그 어떤 세계
그 탐구
그 어떤 열정
그 무엇과도 바꿀 수 없는 동경
깊이를 알 수 없는
우주의 적막한 신비와도 같은
그 깊고 깊은 경지
내가 과연 갈 수 있을까?
어떤 외면적 허례가 아닌
가슴 속 진정성에서
나오는 심오함
가고 싶다
그 끝없는 깊이를 향해
그 미의 세계
아름다움에 대한 갈망
갈고 닦으면
갈 수 있을까
거의 정진하는 수도승 이상의
노력이 필요하다

한 번 가보자
한번 시작해 보자
그 깊고 높은 이상을 향해
나의 발길은
오늘도
가을 속을 헤매이며
낙엽 쌓이는
그 거리를 걸어간다.

방황을 위하여

어느 시인은 평생 아름다움을
찾아 헤맸다고 합니다
그 아름다움 찾았을까요?
그대의 얼굴이었을까요?
그 눈
그 코
그 입술
무엇이었을까요?
지난 시간 속에 환영이었을까요?
그 향기
그 느낌
그 마음

무엇이었을까요?
아름다움은 어디에 있을까요?
부는 바람에 흔들리는 깃발일까요?
바람이 흔들까요?
깃발이 흔들까요?
무엇이 아름다움일까요?
순간과 찰나 속에
있는 환상 아닐까요?
꽃의 미소
꽃의 노래
꽃의 색깔
무엇이 아름다움일까요?
어느 시인은 평생 아름다움을 찾았지만
긴 한숨과 함께
탄식만 했답니다
무엇이 아름다움일까요?

신의 그림자

신만이 알고 있다
가을날에 밝게 빛나는 햇빛
그 아래
낙엽은 떨어지고

인생도 쓸쓸히 물들어간다

산다는 건 어려운 일
바람과 구름의 빗방울이
쏟아진다

세상에 물들지 않고 살기 어렵다

그냥 그렇게
술에 술 탄 듯 물에 물 탄 듯이
살아가는 게 인생

싸구려 인생은 슬프다
인생의 빛은
한 줄의 시 속에 있는 줄도 모른다

태어나서 기쁨에 웃고
살아가면서 슬픔에 운다

막다른 골목에 이른 발길
어디로 가야 할지
길을 찾지 못한다

하늘은 푸르고
바람은 싱그럽다
가을의 향기 속에 산다

이다지도 어려운 일인 줄
알면서
오늘도 생의 한 페이지를 쓴다.

어떤 미소

바라지 말고
원하지 말고
꿈꾸지 말라

그저 이 통속한 시대에
신문의 사진처럼
낯선 세상에 노래하라

부르지 않는 너의 음악
새들은 하늘을 날고
낡은 배를 타고
바다로 흘러가듯이

속삭이듯이 노래하라

답답한 시간들이

느리게 기어가는 하루
눈부신 나의 옷자락을
휘날리며
구름처럼 살아가자!

막막한 세상 바다에
바람과 풍랑에 휩싸인 채
술 마시고
노래하며 춤추면서 살자!

밤의 노래는
별들의 희망

아무 말 없는 그 빛 속에
밤에 커튼이 처지면
안락한 침대에서
어느 여인을 꿈꾸면서
잠들어가라

생은 모진 비바람 속에도
행복의 꽃을 피운다
마치 달의 미소처럼
당신을 사랑하는 소녀의 편지처럼.

폼페이 제국의 최후

애틋한 가을 날씨 속에
공원을 산책한다
시원한 날씨
나무들이 하나둘 옷을
벗고 치장을 한다
아름다운 계절
고민을 하게 된다
우리 인류가 마지막 보는
가을이 될 수도 있겠다고
물론
그럴 리가 있으려나 하지만
모르는 일
누가 폼페이 제국의 최후를
예상했겠는가
그렇다
어느 날 갑자기
그날은 온다

공원 안에
엄마와 나온 어린아이
아장아장 걸으며
재롱을 핀다

저 어린 것들이 무슨 죄가 있을까?
아름다운 가을이
물들어 갈수록
고민도 깊어진다
올해가 마지막 보는 가을이 아닐까 하고
걱정도 팔자지 하면서
낙엽진 길을 걷는다
노랗게 물든 나무들
세상일은 모르는 것이다
그저 올 가을 같은
다음 해의 가을이 왔으면 한다
아이들의 해맑은 웃음을 보며
가을이 깊어갈수록
걱정도 고민도
깊어진다

폼페이 제국의 최후는
그냥 영화에만
있는 사실이기를
바라면서.

허전한 풍경

망망대해에 떠 있는
배 한 척
푸른 하늘에
흰 구름처럼
혼자서 세상을 간다
나도 늘 혼자였다
쓸쓸한 길이었으나
무심한 세상 길을 가다 보니
고독의 그림자와 함께
지친 하루를 보낸다
세상일은 알 수 없지만
이제까지
별로 이룬 일도 없이
세끼 밥 먹으면서
그냥 살아왔다
망망한 인간사에 얽혀서
비바람 맞으며
혼자서 걸어왔다
표류하는 배 한 척으로
세상을 견디며 살아왔다
꿈인지
현실인지

분간도 잘 못 하면서
하늘에 구름이 떠돌듯이
그냥 그렇게
내 앞에 길을 걸었다
사는 날이 언제인지 모르지만
푸른 하늘에
구름으로
이 세상 흘러가고 있다.

생명은 외롭지 않다

저기 저 뜰 안에
감나무
모든 것이 모여 있는 곳
너와 내가 만나서
꿈으로 자라난 곳
생명은
결코, 혼자가 아니다
강이 흐르고
달이 뜨고
태양이 빛나고
별들이 소곤거리는 곳
새벽의 꽃잎의 이슬방울

그 영롱한 빛 속에
달빛 별빛 햇빛
서로를 끌어안고
하나가 되는 곳
그대 창가에
외로운 시를 노래하는
작은 사내는
꿈을 닮은 편지를 읽는다
멀리
밤하늘에
조각달이 떴다.

차 한 잔으로

긴 여름이 지나고
써늘한
가을바람 속에
창문을 열고 신선한 방에
앉아 있다
책상 위에
따듯한 차 한 잔
몸과 마음을 위쪽으로 하며
녹아내린다

살아온 내 인생도 누군가에게
찬 한 잔의 위로를 주었을까?
따스한 눈빛
따스한 마음
따스한 손길
자연으로부터 무한의 혜택을
받으며 살아왔다
추운 겨울에 햇빛
모진 바람 속에서 나를 녹여주던
그 햇살의 밝은 미소들
누군가에게
찬 한 잔을 건네고 싶다
지친 영혼에게
건네는 미소와 깊은 온기를
지나온 시간 속에
고독의 절망은
당신의 환영 속에서
살아갈 힘이 되었다
차 한 잔의 여유와 향기를
누군가에게
건네며
이 한 세상을 살고 싶다
햇살 같은 당신의 미소처럼.

시인 이하림의 초상

예술가이며 시인 이하림
그는 언덕에 올라
세상을 본다
아니 부러워한다
그들의 사랑을
그들의 욕망을
그들의 간음을
그들의 활활 타오르는 욕정의 바다를
그들의 피카소적 열정
그들의 재난의 마구간
그들의 진홍빛 벌판
예술가이며 시인 이하림
그는 세상에 할 말이 없다
그는 그저 부러울 뿐이다
활활 타오르고 부서지며
추락하고 몰락하는
이런저런 광경 앞에서
벌린 입을 다물지 못하고
그는 얼어버린다
그는 얼음 동상이다
그는 피에로
그는 영화감독

그는 영화배우
그는 쓰다만 시 한 조각
그는 오늘도 권태의 하루 앞에서
그는 태어나서 처음 하품을 한다
예술가이며 시인 이하림
그는 세상이
예술의 바다라는 사실 앞에서
눈을 질근 감아 버린다
머릿속에 무궁무진한 광산이 있다.

그렇게 세월은 간다

흐르는 물처럼 흘러간다
불어오는 모진 바람 속에
가을 저녁
날아오르는 새처럼
멀고 먼 길을 간다
가야 한다
한 그루의 나무의 뿌리
대지의 바닥에서
피어오르는 삶의 고통
붙잡을 수 없는
시간들의 열병식과 행진

그 속에 나팔을 부는 병사
잔잔한 흐름의 나날들
그 고요 속에
찬 바람이 불어온다
가야 할 그곳을 향해
나의 시계는 천천히
꿈을 향해 가고 있다.

한 잎의 갈대

흔들린다
바람에도 흔들리고
구름에도 흔들리고
눈빛에도 흔들린다

삶의 여정은
흔들면서 지나간다
달빛이 물들면
한 잎의 갈대처럼
고요한 기다림 앞에서
흔들리고 흔들린다

목마른 마음의 꿈

사막 같은 대지에서
어떻게 살아갈 수 있는가?

흔들린다
바람에도
구름에도
눈빛에도

고요한 달빛에도.

살아오다

나는 전쟁을 경험한 세대가 아니다

6.25
베트남 전쟁
중동전

전부 뉴스와 소식으로만 들었다

나는 민주화 시대를 살았지만
그렇다고 민주화 운동을 하며 살지도 않았다
그 요란 벅적지근한 민주화 운동

민주화 시대는 되었지만
사회는 지옥 사회로 변했다
체험적으로 그렇다

나는 만홧가게로 영화관으로 TV를 보며
성장해 왔다
머릿속은 온통 그런 이미지들로 가득하다
그렇다고 내가 예술가 축에 드는 사람도 아니다
난 무엇을 하며 살았을까?

꿈과 동경 속에서
지친 하루하루를 보내며 살았다
아직도 꿈을 꾸며 꿈을 향해 가고 있다
매일 시를 쓰는 이유가
꿈의 돛을 달고 살기 위해서다

고통 속에서도
민주화 없는 민주화 속에서도
전쟁 없는 전쟁 속에서도
나는 꿈을 꾸며 꿈을 항해한다

거친 파도와 격랑 속에서.

생명이 있기 때문이지

이 사회에
이 나라에
이 세계에
어찌 아픔과 고통이 없겠는가?
고난의 사회
고난의 나라
고난의 세계
얼어붙은 찬 바람이 불고 서릿발이 치는
생명의 땅
생명의 나라
생명의 세계
그 고통과 아픔이
슬픔의 노래
슬픔의 그림
슬픔의 작품이 되어
얼어붙은 이 세상을 녹인다
생명이 있는 곳에
아픔과 고통과 슬픔이 있다
살아가는 일이 가시밭이라도
이것은 생명현상이니
인고의 눈바람 맞으며
환한

꽃으로 피어날 것이다
이 모두
생명이 있기 때문이다.

떠나는 시간들

새해가 어제인듯하더니
올해의 끝자락
다가온다
무얼 하며 살았나
곰곰이 되돌아본다
바람의 구름 속에
이리저리 떠돌다가
빈방에서
쓸데없는 생각들로 시간을 보냈다
약간의 서글픔이 몰려온다
늦가을 풍경
흔들리는 나뭇잎
누군가를 그리워했지만
늘 혼자였고
몸에 밴 고독감은
한 해가 다 가도록
내 곁을 지키고 있다

하나하나 떠나는 것들
청춘이 언제냐고 묻지만
마음속에 있는 봄빛이다
그림자처럼
머물러 있는 아쉬운 마음들
그 사람은 기차처럼
여운을 남기고 사라진다
추억을 붙잡고
살아가는 시간 속에
혼자라는 긴 한숨 속에
모든 게 떠나고 있다
미련의 손수건을 흔들면서.

살아온 날들의 추억

시간들이
낙엽처럼 바람에 떨어진다
그 우수의 잔상들
머리에 스치고 지나간
철없는 사색들
꿈이란 환상을 좇아
어디까지 왔을까?
시간의 마디마디에 얽힌

그날의 한숨과 사진
흑백의 모습으로
긴 이별을 고하는 그날들
혼자 걸어온 길
별과 함께
술을 마시고 고독의 안주로
음악과 데이트를 즐긴 나날
가을은
애상의 낙엽이 떨어지면
가로등 불빛 아래
서글프다
환상의 기차역
그 플랫폼에
신문을 들고 꿈의 역으로
가기 위한 고독한 마음
시간 속에 얽힌
몇 장의 채색된 순간들
하늘빛 구름에서
낙화하는 빗방울의 추억
우산 쓰며 걸어가던
거리의 웃음
초침처럼 흘러간 시간
참을 수 없게
그려보던 연인의 조각
시간의 빗속에
흘려보낸다

모든 게 꿈처럼 흘렀고
모자에 담긴
마술 같은 표정들이었다
푸른 가을빛
노래는 상념의 낙엽들이었다.

방황에 대한 시

이거 할까?
저거 할까?
무엇을 해야 할까?
이런저런 생각으로
방황만 하고 있다
또렷한 목표 설정의 부재가
이 가을의 뚜렷한 표정 속에서
길을 찾지 못하고 방황한다
한 평생을 바쳐야 할
나의 길
하고 싶은 것은 많다
시
영화
극작
……

허송세월을
노닐며
마음의 여러 길을 헤맨다
모든 것을 다할 수는 없다
그냥 읽고 싶은 책이나
읽으면서 살까?
넓은 바다를 이리저리
떠도는 돛단배처럼
청량한 세월만 보낸다
마음의 이글거림
시간의 더미에 깔려서
꿈속을 거닐고 있다
너를 만나
숲속을 거닐며
새처럼 날아가고 싶다
파란 하늘 끝까지.

작은 별빛 같은 시간

걸어온 나의 길에 대한
꿈은 막막한 삶이었다
희망의 어둠
그 안에서 노을을 바라보며

날아가는 새들을 보았다
진정한 나의 길은 무엇인지
알 수가 없는 헤매임과 망설임
그 지독한 시간들의 회의
흔들리는 나뭇잎에도
당신의 그림자는
눈앞에서 빛났다
언제인지 모르는 그 여름날
해변의 백사장을 걸으며
그 뜨거운 햇빛 속에
파도의 일렁일 같은
마음의 물결을 느끼며
함께 걸었다
그 해변의 발자국은
작은 별빛 같은
내 생에 순간으로 빛나고 있었다
꿈의 시간이 지나면
그대와 나는
커튼이 처진 방안에서
밤하늘에 빛나는
꿈을 생각했고
아무런 말도 없이 고독의
향연에서 서로를 지켜보았다
마음의 모닥불
불꽃이 다해 꺼질 때까지
우리는

잡은 손을 놓지 않았다
빛나는 작은 시간 안에서
작은 보석 같은 별 속에서
서로에게 기대어
아름다운 꿈을 꾸었다.

빛나는 별의 죄

막막한 이 세상 별에서
살아가는
슬픔이 느껴진다

사람으로 태어난 게 축복인지
사람으로 태어난 게 죄와 벌인지
도대체 분간이 안 된다

하루하루를 살면서
가슴에 스미는 고독과 꿈
별이 가진 생명력과
형벌의 시간들 앞에서

살아간다
시시각각의 모든 감정의

바람 속에서
희망과 고통 속에서

아름다운 이 세상
추악하고
더러운 이 세상
욕하고 싶다

그러나 붉게 지는 노을은
얼마나 기막힌
아름다움인가?

멀리서 들리는 은은한 종소리
시박시박 내리는 눈송이
밤은 기도하는 마음으로
빛나고 있다

별에서 태어난 죄와 벌을 느끼면서
가시밭길 너머에
사랑의 꽃길이 있다고
믿고 싶다.

카페의 밤

가을빛

가을이 불어온다
찬 공기의 속삭임
서걱이며 흔들리는 나뭇잎
그 하늘 밑
가로수들은 말없이
울긋불긋 물들어
지나가는 모든 사람들
가을 색으로
물들인다

파란 바다와 같이
가을 물결이 몰려와
수런거린다
생각하는
시인은 긴 하루를
벤치 위에 앉아
글자 없는
하얀 백지의 편지를
그대에게 보낸다.

길을 따라 걷다

당신은
먼 길을 걸어왔다
꿈길을
구름처럼 밟으면서
걸어왔다
어제를 이고서
오늘 이곳에 왔다
다시 먼 곳으로
또 떠나기 위해
오늘 이렇게 왔다
살아온 길은 살아갈 길이 된나
하루의 작은 위안
모닥불에 몸 지피고
먼 길을
구름을 밟으면서
떠나간다
세월 속에서 세월을 잊고
그 시간 속으로 떠나간다
슬픔을 밟고서
희망을 향해 떠나가는
한 마리 새처럼.

그곳에 꿈이 있다

밤하늘에 별이 있다
빛나지만
빛나지 않는 별
그 별빛 아래에
비가 내린다
빛나는 비가 내린다
빗속에는
우산 쓴 연인이 걸어간다
그림 같은 풍경이다
시집 같은 풍경이다
철학 같은 풍경이다
사랑이 있어야 할 곳은
두 사람 사이에 있다
꽃을 든 사람
그 향기에 취해서
거리에서 비틀거린다
살아가는 자의 비애의 향기
비를 맞으면서
내일의 슬픔의 침묵을
참아낸다
별의 비는
아름답지만

아주 천천히
거리를 적시며 내린다.

가을 거리에서

별빛 같은
사랑 같은
추억 같은
비가 내린다

거리에는
별빛
사랑
추억의 빗물이
낙엽 위에 떨어져
아름답다

거리를 오고 가는 사람들
살아가는
꿈을 잃고 살지만
낙엽 같은 희망을 품고 살아간다

작은 빗방울 하나

별과
사랑
추억의 꿈을 꾸며
거리에 낙엽을 밟으면서
쏟아져 내린다

세상은 비처럼 빛난다.

낙엽 지는 날에

세상 연인들의 이별 같은
기차역에서
꿈을 맞는 사람들

어디로 가는 걸까?
바람에 날리는
낙엽처럼
떠나간다

쓸쓸한 길은
먼 데서 온 이별편지처럼
마음에 비를 내린다

깊어가는 가을에
한 그루 나무
잎새가
떨어진다

살아온 날들 과에
이별은
반짝이는 슬픔처럼
낙엽의 이슬방울

아주 먼 구름에 실려
날아간다
작은 추억 속으로.

꽃이 자라는 안개

생명이란
인생의 막막한 안개 속에서
꿈꾸듯이 피어나는 꽃

거친 바람 속에서 차가운
눈을 맞으며 자라는 꽃

먹구름 속에 번개와 천둥 치는
밤에 비 맞으며 피는 꽃

이 세상에 생명이 없는 게 어디 있으랴
그 무엇보다도 소중한 그 꽃은
무엇을 위해 피어나는가?

보이지 않는 막막함 속에서
탄생의 울음으로
끝을 향해 가는 긴 여정

한 번 살고 가는 먼 길에서
아름답게 꽃 피고 싶은
그 마음들

안개 속을 헤매는 그 꽃은
마음의 씨앗으로
자라난다

그 신비한 안개 속의 꽃.

고독한 날의 초상

가을편지처럼
맑고 푸른 날에
바다에 갔다

넓고 푸른 바다

잔잔한 파도
잔잔한 해변
잔잔한 사람

고독을 바다에 뿌린다

물새들이 다가온다
새처럼 자유롭고 싶다

내 마음의 감옥에서
언제 빠삐용처럼
탈옥할 것인가?

한 대의 담배에
위로를 삼는다

마음 깊은 곳에
아름다운 고독의 섬이 있다

오늘처럼 빛나는 날에
해변의 작은 파도처럼
출렁인다

살아가는 날들의 표정
오늘처럼 맑을 수만 있다면.

어린 숙녀에게

잉크 빛 어둠이 물드는 밤
달빛 꿈에 젖어
앉아 있는 소녀

세상의 바람은
고요 속에 잠들어
빛나는 별 같은
너의 두 눈

그대의 꿈과 향기는
향수병 같아

달콤한 케이크같이
사랑스럽다

어느 날
작은 어린 왕자가
꽃을 들고 찾아오면
부끄럽다

소년이 전해준
침묵의 편지
아름다운 불꽃으로
가슴에 피어난다

밤의 환상 속에
상상 속에 그대의 방
모든 꿈들이
날개를 펴고 날아온다

그대는 꿈속에 잠든다.

카페의 밤

바다로 간 고독

바다에 갔다
푸른 날씨 속에
해변에는 사람들이 많았다
 그 곁에 먹이를 바라는 물새들
바다 끝에 보이지 않는
어떤 나라의 꽃 같은 소녀들
아마 꿈속에 있으리라
바람의 미소는 싱그럽다
마음을 어루만지는 손길
어머니의 품속 같기도 하다
세상에 지친 어떤 한 고독
쓸쓸히 바닷가를 걷는다
세월이 가고
청춘도 가고
마지막 희망의 꿈을 잡고
물새와 같이 날아가고 싶다
파란 바닷물의 고요가
위로가 된다
바다로 간 고독은
새와 더불어 햇빛과
함께 날개를 편다.

거울 속에 모습

얼굴은 볼 수가 없다
어떤 모습인지를
볼 수가 없다

거울 속에 얼굴
그래
그 모습을 볼 수가 있다

살아온 겹겹의 시간들이
퇴적되어 나타난
얼굴

꿈
사랑
고통
번뇌들이 뒤섞이어
일그러진 얼굴

거울 속에 얼굴이
참모습일까?

아니야!

아직 피어나지 못한
얼굴이 있어

꿈을 향해 날아가는
새 한 마리

거울 속에 비친 얼굴은
단지
세월에 지친 얼굴

어느 날
파란 하늘을 향해
멀리멀리

고독의 날개를
휘저으며
아주 멀리

거울 속에 얼굴
세월에 지친 얼굴
진짜 얼굴이 아니다

마음 깊은 곳에 잠든
얼굴
날아간다

새 한 마리
날개를 휘저으며.

낙엽 같은 사랑

가을 햇빛이 시리게
나무 위에
춤추고 있다

어느 소녀 마음의
색은
나뭇잎을
빨갛게 물들였다

단풍의 마음은
무게를 견디지 못해
추락한다

떨어져 누워 잠든
낙엽은
꿈을 꾼다

운명의 바람에

이리저리로
날아가며

세월의 흔적으로
가슴에 새긴다

먼 훗날
사랑의 낙엽은
꿈에서 깨어 말한다

사랑의 찬바람은
겨울 속의
따스한 꿈이라고.

이제 와서야

살다 보니 알겠네
그때
당신의 눈빛의 의미를

살다 보니 알겠네
그때
당신의 발걸음의 마음을

살다 보니 알겠네
그때
당신이 준 편지를 내용을

살다 보니 알겠네
그때
당신의 웃음의 뜻을

살다 보니 알겠네
그때
당신이 왜 비를 맞고 있었는지

살다 보니 알겠네
그때
당신의 마지막 그 말을

살다 보니 알겠네
그때
당신이 얼마나 아름다운 사람인지를

살다 보니 알겠네
이제 와서야
당신의 사랑이 얼마나 깊은지를.

너무 긴 여정

그냥
바라지 말고 살까?
너무 먼 길을 걸어왔다
허무의 가슴 속에
작은 불꽃들
속삭이며 부른다
아직은 때가 아니라고
꽃이 피려면
봄을 기다려야 한다고
아직 겨울이 남아있다고
눈을 들어 하늘을 본다
파란 가을하늘
너무 맑고 시원하다
바람은
나뭇잎을 흔들며
생명의 가슴을 흔든다
살아온 날들 속에
스며 있던 긴 밤들의 침묵
그건 아주 깊은 잠
깨어나고 싶다
대지를 밝으며 파란 하늘 속으로
날아가고 싶다

아직은 밤
꿈속의 꿈을 꾸며
긴 여정의
사막의 길을 간다.

먼 고향길

가야 한다
꿈꾸던 그곳에
낙엽이
뒹구는 거리에서
먼 하늘을 본다

너무 파란 하늘빛
수정 같은 맑은 그 빛
찌르면
파란 물이 흐를 것 같아
눈이 부시다

살아온 날들에 대한 회한
정신과
영혼의 어머니

그 먼 길
걸어가리라
찾아가리라
날아가리라

천리만리 밖이라도
한 발 한 발
걸어서
그곳에 가리라

영혼의 싹이 터서
숨죽이며 살아온 세월
고독과 함께
푸른 바다를 보았다
파도와 물결 속에
작은 꿈
아무도 볼 수 없고
찾을 수 없는
파란 하늘 아래
그 자리
가야 한다
천천히
그리고 꾸준히
영혼의 고향
그곳으로.

기억의 어둠

생명이 있는 곳에
슬픔이 있고
아픔이 있고
흔들리는 잎새와 같은
사랑이 있다

꾹꾹 눌러 참으며
지친 발걸음으로
살아왔다

돌아보면 멀리도 왔구나

창밖에는 환상의 눈이 내리고
지붕 위에 하얀 꽃들이
피었다

생명의 근원이 무엇일까?

그저
아득한 기억일 뿐
시작도 끝도 모르는
캄캄한 어둠

생명이 있는 곳에
눈물이 있다

흐르는 슬픔의 마음
알 수 없는 기억을 찾아
오늘도
그 길을 찾아 헤맨다

사랑

살아가는 이유
그 안에 있다.

어느 가수의 노래

방안에 음악이 흐른다
어느 이국 가수의 노래
가을의 노래
나직한 음성으로
계절을 음미한다
세월은 흐르고
그 공원에
낙엽이 바람에 떨어진다

지난날들
꿈인듯 휘날린다
사랑했던 모든 것이
시간 속에 사라진다
아름다운 모든 것
이별의 노래가 된다
별처럼 빛났던
시간 속의 풍경들
이제는 아쉬운 작별의 시간
떨어지는 가을의 서정이
목메이게 노래한다
방안의 사물들이 눈을 뜨고
작은 이슬방울 흘린다
그 수정 안에 고인
너의 나지막한
눈빛
노래 속으로 흐른다
가을에
노래는 아름답다.

가을의 서정

가을하늘이
흰 눈처럼 내린다

푸른 빛
맑은 공기
붉은 단풍

골목길을 걷는다
서러운 나이에
가슴을 파고드는 가을

향기는
지난날들의 파도처럼
밀려든다

살아가는 날들의 무게는
낙엽에 실린 마음처럼
거리를 떠돈다

가을은 보이는 무엇도
노래가 된다
시로 된 음악

경쾌하고
때론
우울하다

가을은 사랑의 노을처럼
은은히 붉어진다

모든 것이 떠나는
이별의 정거장.

가을의 서정 2

당신이 빚은 가을
낙엽이 되어
뜰 안에 떨어진다

모든 것
가을에 물 들어간다

당신의 눈빛
당신의 입술
당신의 손목

세월 안에
감도는 당신의 가을
그 감옥에 갇힌
마음

가을이 내리치는
풍경 속에
울리는 종소리

멀리멀리
퍼져나간다
세월의 파도가

당신의 싸늘함
가을의 향기
가을의 노래
가을의 입맞춤

긴 여운의 바이올린
가을밤의
한 송이 장미.

가을의 서정 3

누가 물으면
그냥
가을 우수의 빗방울
우산 없이 맞으며
살아간다고 해라

누가 물으면
그냥
가을 빗소리에 젖어
온몸을 적시며
살아간다고 해라

누가 물으면
그냥
가을 향기에 빠져서
허우적거리며
살아간다고 해라

누가 물으면
그냥
가을 그림에 취해서
한 잔 술 속에

살아간다고 해라

누가 물으면
그냥
떠나간 옛사랑이 그리워
연인의 옷자락
옛 추억 속에
산다고 해라

누가 물으면.

가을 환상

하늘 아래
그 자리
투명한 가을 바다가 있다

잡으면 잡을 듯한
가을 표정이
넓게 펼쳐져 있다

꿈인듯한
대지의 노래

바람이 불어온다

바람개비처럼
돌아가는
꿈의 풍차

하늘로 떠 올라
세상을 바라본다

감상의 외투를 걸치고
가을 거리로 나선다

지나가는 행인들
저마다의
시린 사연을 안고 있다

가게 안에 인형들
먼 나라에서 온
포로들이다

떨어지는 낙엽을 보며
한 해의
노을을 본다

가을 투명한 하늘이
낮게 드리운다

가을별을 밟으면서.

파란 하늘 아래

가로수 잎들이 빛나고 있다
노랗게 빨갛게
환한 빛을 내고 있다
그 빛들이 별처럼 떨어진다
별이 빛나는 길을 걷는다
세상의 아름다움
그 길을 걸어
인생의 가시밭길을 간다
별의 일생처럼
인간의 생도 한순간이다
그리운 마음으로
온 길을
되돌아본다
낙엽들이 쓸쓸한 모습이다
바람에 스치는 별들
그 모습에
내 일생도 그려진다
언젠가는

떨어지는 별처럼
나의 길을 걸어가야 한다.

세월의 꽃잎

한 번쯤은
우리 돌아보고 살자
지난 시간들
그 꽃잎이 휘날린 날들

한 번쯤은
우리 돌아보고 살자
아름다운 거리
그 낙엽이 지던 날들

한 번쯤은
우리 돌아보고 살자
따스한 햇빛의 날들

한 번쯤은
우리 돌아보고 살자
파란 파도 치던 그 날들

한 번쯤은
우리 돌아보고 살자
바람만 불던 그 날들

한 번쯤은
우리 돌아보고 살자
언덕 위에 눈꽃이 피던 날들

한 번쯤은
우리 돌아보고 살자
쓸쓸한 슬픔의 그 날들.

덧없는 세월 속에

밤이 빛나는
가을
어느 날

말 없는
그대의 눈빛
말 없는 그 의미는
침묵의 꽃

그 꽃을 가슴에 달고

긴 길을 따라간다

세월의 바람은 불고
혼자만의
길을 간다

마음 깊은 곳의
그 눈빛의 의미

꽃잎이
비처럼 쏟아져 내린다

길을 가는 의미가
마음의 꽃

가다가다 힘들면
마음의 꽃잎
불어본다

화사한 봄빛
의미가 비처럼 적신다.

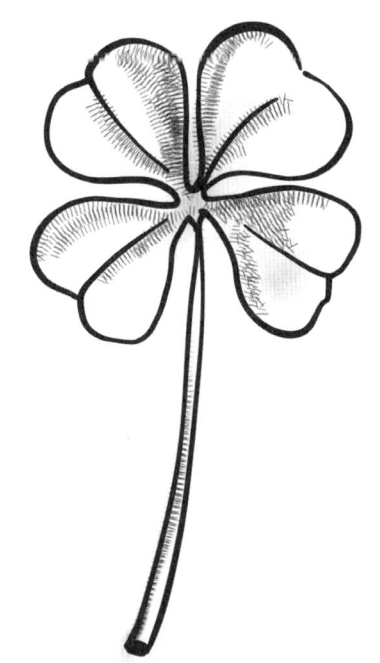

산다는 일

하루를 시작한다
꿈에서 깨어
현실의 시간으로 들어가
해야 할 일을 한다
살아가는 일
꿈 밖에서 꿈을 위해 산다
몽롱했던 잠
차가운 현실의 꿈
나비와 나
누가 꿈을 꾸는가?
현실과 꿈의 경계
하루를 살아가는 일
미래를 위해
살아가지만 불투명하다
내일의 그 날이 올까?
바람 불어
나뭇잎 떨어지고
세상 속으로 들어가
나의 길을 가는 일
산다
어떻게 살까?
힘겨운 하루를 견디며

무지개를 향해 간다
가까이 갈 수는 없지만
꿈이기에 걸어간다
산다
살아가는 일
꿈 밖에서 꿈꾸는 일
현실의 얼음 속에서
따스한 불빛을 보는 일
걸어간다
오늘도 내일도
그냥 걸어간다
희망이란
시간을 향해 걸어간다.

창밖을 보며

창밖
감나무가 보인다
열매가 주렁주렁 열렸다
이제 곧
수확을 할 것이다
한 입 깨물면
과즙이 왈칵 스미는

단감
올해는 어떤 맛일까?
쓸쓸한 가을날
달콤함을 생각한다
오래전에
어떤 여인이 생각난다
아름다운
그 눈빛
단감처럼 과즙이 흐르는
사랑스런 여인
이제는 시든
낙엽으로
살아갈 것이다
싱싱한 단감
그들도 꿈꿀 것이다
한 해의 끝자락에서
꿈이 영글어
이제
단감으로 무르익었다
한 입 깨물면
아름다운 꿈이 스며 나오는
상상의 시간
창밖을 보며
한 해가 저물어 가는
계절의 끝
결실의 시간이

찬바람 속에 불어온다.

모든 것은 흐른다

떠나는 구름
떠나는 바람
떠나는 시간

모든 것은 흐른다
마음도 흔들리는 갈대

이리저리 헤매이다
어딘가로 떠난다

새삼스레
한숨을 쉬는 것은
세월

벌써 이렇게 흘렀구나
어린 시절이
눈 앞이다

거울을 보며

어제도
오늘도
내일도
나는 시시각각으로 흐른다

멀리 떠가는 구름
멀리 떠가는 바람
멀리 떠가는 시간
흔들리는 나뭇잎 인생

걸어 걸어
여기까지 왔다
모든 것이 흐르듯이
나도 흘러간다

별과 달
구름과 노을
밤과 시간처럼.

마음에 대한 명상

비우자고 마음먹으면
잠시 비워진다

딴생각 잠깐 하면
마음을 삥 둘러싼 욕망들
그래도 다시 비우면
더 빨리 채워지는
온갖
세상의 잡념들
돈
명예
여자
권력
모든 사람들이 갖고 싶어 하는 것들
나라고 예외는 아닌 듯
그러나
아직까지 가져보지 못한
세상의 꿈들
비우려고 하면 할수록
더 달라붙는
모든 욕념 속에서
인간의 나약함을 느낀다
비워야 한다고
중얼거린다
버려야 한다고
중얼거린다
어쩔 수 없이 다시 꽉 찬다 해도
잠깐이라도
비워야 한다

푸른 하늘 뜬 구름 같은 인생
무얼 그리 바라는 게
많은지
버리자
비워버리자
욕망의 얼굴들을 토닥거리며
버릴 수 없는 것들
헛소리처럼
비워버리자
비워버리자.

지친 하루

가슴은
타들어 가는 여름 벌판
바람 없는
사막의 노래
맑은 가을하늘을 보며
지난 계절의
뜨거움을 생각한다
별이 뜨는 밤
혼자 누군가를 생각하며
책상에서 편지를 쓴다

지친 가슴은
목마름으로 가득하다
찾아 헤매는 모든 것들
바다의 파란 파도
그 속에
너의 얼굴이 있다
작은 그리움의 꽃이
활짝 피어나고
별똥별이
머리 위에 빛으로 떨어진다
지난여름
그리고 가을
열기는 사라져도
그 사람이
반가운 모습은
더욱 여름처럼 활활 타오른다
어떤 목마름 때문에.

아름다운 얼굴

너의 눈빛
별들의 등댓불
꿈이 그 안에 들어있다

방황했던 날들
그 골목길
어느 술집에서
지친 날들을 위로했다
흔들리는 세상
나도 흔들리며 걸어갔다
너를 본 건
작은 기적
달리는 기차의 차창 밖
그리움의 풍경
걸어가는 너의 모습
쇼윈도의 마네킹
살아온 흔적 속에
꽃으로 핀 화병
나는 거리를 걸어간다
휘청거리는 태양 아래
세상은 덧 없었다
하얀 너의 얼굴
꿈인 듯
현실로 다가온다
보이지 않는 걸음으로
다가온 너의 발길
흐린 하늘에서 눈송이가
꽃처럼 떨어진다
너의 어깨의 실루엣
말 없는 말의 파티

나는 태어났다
하나의 알을 깨고서
눈부신 나의 사람에게
조용히 새벽별의
노래를 불러준다.

달력 속에 없는 세월

뛰어가기도 하고
엉금엉금
기어가기도 한다
가야 할 곳이 있기에 간다
그곳은
항구
빛이 찬란한 바다
새들은 날아다니고
사람들이 붐비는 그 곳
가야 하는 이유는
그녀가 있기 때문에
작은 유토피아
작은 오아시스
작은 꿈의 나라
날마다 나는 그곳을 향해

나의 깃발을 흔들며
앞으로 앞으로
나아간다
그녀라는
인생의 등대가
아름다운 카페에서
커피를 마시며
시계를 보고 있기 때문이다
누군가를 기다리기에
그 누군가는
지금 그곳을 향해 가는
실존의 집념이다
바다는 살아서
파도로 응답한다
때로는 걸어서
때로는 기어서
기어이 가고 만다
항구의 불빛
그곳에 그녀가 있기 때문이다.

그리운 그녀에게

바싹 마른 이곳에

때로는
이슬비로
때로는
보슬비로
때로는
가랑비로
때로는
소나기로
대지를 적시며 와줘요
내 눈빛 위에
내 머리 위에
내 가슴 위에
내 영혼 위에
이곳에 구름의 미음치럼
내리고 내려주세요
거친 세상에
메마른 세상에
잔인한 세상에
꿈
빛
길이 되어 사랑으로 와주세요
내 곁에
살며시 내려앉는
하얀 눈송이처럼.

가을비에 젖으면

비 내리는 날
추억의 길을 걷는다
어린 날 놀아 주었던
꽃과
구름과
바람과
삶의 골목길들
비 내리는 날
쓸쓸한 추억 길을 걷는다
그녀와 걷던 길
그 아름다운 손길로
감싸주었던
그 길을 걷는다
비 내리는 날
걸어간다
살아가던 날들의 모든 흥겨웠던
시간들과 함께
웃고 울며 살았던
그 인생의 길을
지금
걸어가고 있다
비 내리는 날.

걸어온 생애

쌀쌀한 가을날 오후
거리에 나뭇잎도
떨어지고
빈 하늘을 올려다본다

텅 빈 공허의 생애
반 백 년이 넘게
살아왔지만
쓸쓸하기만 하다

외롭게
고독하게
혼자서 고뇌하며
살아온 나의 지난 시간들

무엇을 위해서 살았을까?
마냥 허전하기만 하다

시계는 정확히 시간을
가리키며
서 있는 자리를 가리킨다

헛된 꿈들을 좇아
이제까지
온 것은 아닌지
씁쓸하다

꿈의 무지개를 찾아서
어린 시절의
설레임으로
이제까지 왔구나!

많은 상처를 받으며
뜬구름같은
허무의 감정들

부는 바람에 따라
흔들리는
마음 재촉하며
아직도
묵묵히 나의 길을 간다

찬 가을날의 그 허전함으로.

어느 시인의 글쓰기

내가 존경하는
어느 시인은
해가 뉘엿뉘엿 지는
황혼 무렵에 글을 쓴다

그 시간이 가장 글이
잘 써진다고 한다

황혼의 시 쓰기

낮과 밤의 갈림길에서
어떤 영감을
받는 것 같다

나는 그냥 쓴다

시간을 딱히 가리지 않는다
아침에도 쓰고
점심에도 쓰고
저녁에도 쓴다

자신만의 시적 공간을

가진다는 것은
좋은 일이다

최근 나는 낮 시간에
주로 시를 쓴다
허무한 마음에
뭔가를 시도하려 한다

떠도는 우편번호 없는
편지처럼
누군가에게
시를 보낸다

허무한 마음에 사랑을 실어
시를 쓰고
마음을 달랜다

어느 시간
아무 때나
시를 쓴다

아마도 아픔 때문일 것이다.

밤의 불빛

그 비가 그친 후에
차가운 어둠이 내린 밤
밤은 불꽃처럼
빛난다

희망의 꿈이 꾸벅이며
내일을 또 꿈꾸기 때문이다
하루의 일과를 마치고
다정한 식사를 했다

밤 산책을 했다

나무에는 잎들이 떨어져
조금 을씨년한 풍경

작은 집들
창문에는 속삭이는
밤의 불빛들

거기에 사랑과 행복이
익어가고 있다

찬 바람이 목을 시리게 해도
나의 꿈의 성냥은
희망을 불태운다

별이 보이지 않는 밤에
먼 별을 바라본다

별이 신비하게
켜진 불처럼
내게 키스한다.

겨울 공원

눈 내리는 길
너와 나의 신비가 만나
꿈으로 오색의
무지개가 되는 곳
길을 따라 걸으면
눈꽃들이
아름다운 모습으로
설레게 하는 곳
꿈인 듯
현실인 듯

알 수 없는 고요의 사색
가로수들
눈 비비며 맑은 잎사귀로
겨울 예배와 감상을 한다
걸어가자
너와 나의 발길
하얀 눈 밟으면서
뽀드득하는
눈 소리에 귀를 기울인다
겨울의 적막이
메아리로 울려
별과 별의 편지를
주고받는 이곳
사랑의 화음이 빛을 내며
꿈의 호수를 거닌다
나무들의 잔가지에
하얀 눈꽃들이
세상을 꿈으로 물들인다
겨울세상
발자국 남기며
눈길을 따라 걷는다.

가을에서 겨울

헤어지는 설레임
익어가는 계절은
작별의
손을 흔들며
계절의 노래를 한다
가을
떠나는 여인의 옷자락
언덕 위에 부는
바람은
너의 마지막 편지
눈 감으면 떠오르는
시간들의 추억
흰 백지 위에
써 내려간 작은 글자들
하늘로 올라간
천사의 날개
싸늘한 입맞춤과 함께
겨울은 나래를 편다
한 잎 남은
나무의 자태에는
지난 시절을 아쉬워 한다
구름은 푸르게

얼굴을 붉히며 지나간다
아쉬운 가을
스치듯 떠나간다
먼 곳에서 오는 기차는
기적을 울리며
흰 눈처럼
환상의 겨울 역에
도착한다
떠나는 사람과 시간들
겨울 낙엽이
눈송이 되어 거리에 쌓인다.

밝은 거리에서

길거리에 오고 가는 사람들
각기 생각에 족한 얼굴로
서로가 서로를 스치고
지나간다
아직 다하지 못한 나의 욕망은
꿈 없는 거리에서
망설이며 걷는다
빛나는 태양 아래
꿈은 희미하고

미래를 향한 열망은
고독하다
편지 쓸 사람 없는
허무한 마음
기대고 싶은 건
무너진 가슴
길거리에 오고 가는 사람들
자신의 다하지 못한 꿈을
주머니에 넣고
쓸쓸히 걸음을 옮긴다
호떡집 앞에서
무럭무럭 김이 오른 호떡
어린 시절 생각나 하나 고른다
질겅 씹으니 달콤함이
입안에 가득하다
생은 이다지도 달달한데
인생의 시간은
왜 이리 쓴지
그냥 걷는다
꿈을 모자처럼 눌러쓰고
내일의 태양을 보기 위해
사람들 속에서
마냥 걸어간다.

우리가 꿈꾸는 세상

가자
언덕 너머에 저곳으로
아름다운 장미가
비를 맞고
활짝 웃으며
향기로 답하는 그곳

가자
파란 하늘 밑 저 땅으로
구름이 낮게 흐르며
아이들의 꿈이
수목처럼 뻗어가는 그곳

가자
바람이 불어오는 저곳으로
생명의 빛이 아름답게
모든 대지의 꽃들 위에
내리쬐는 그곳

가자
꿈의 화살이 날아가
찬란한 빛의 노래가 흐르는

환상의 그곳

아무도 모르지만
모두가 알고 있는
사랑과 평화가 손잡고
걸어가는 그곳

우리 모두 아름다운
향기의 그곳으로
가자.

꿈 없이 산다는

이 세상
어둡고 캄캄하지만
그래도
밝은 빛이 빛나고
있는
섬이 하나 있다
마음 깊은 곳에 간직한
나만의 꿈
모두가 꿈이라 하지만
시커먼 욕망의 꿈들

꿈과 욕망의 차이는 뭘까
종이 한 장 차이 아닌가?
선한 의지의 욕망
악한 의지의 욕망
아마 물 한 방울의 차이 아닌가?
마음 깊은 곳에
향기 나는 꿈의 섬
새가 날고
장미가 피고
향기로운 안개 속의 고향
꿈꿔본 자만이 아는
자신만의 섬
꿈 없이 살아가는
맹목의 의지도
꿈이지만
다 같은 꿈은 아닐 터
아름다운
섬에서
꿈을 가꾸고 산다는 일
인생 찬바람 속에서
따스한 불빛 속에
자신을 녹이는 일
힘겨운 세상살이
아름다운
마음의 섬에서
붉은 노을 보며

취해 보는 일
꿈을 가진 자만이 아는
미지의 수수께끼
삭막한 세상
휘청대며 사는 인생
꿈 없는 꿈에 취해서
비틀거리며
사는 인생들.

눈

산책을 하고 집으로 온다
어둠이 내린 밤길
집에 다가오니
계단에 하얀 눈이 쌓였다
신기했다
언제 눈이 내렸던가?
계단의 눈은
신비스러웠다
가까이 가서 보니
눈이 아니었다
하늘을 보니
달이

휘영청 둥글게 떠 있다
계단 위에
달빛이 비친 모습이었다
꼭 눈인 줄 알았다
달빛이 쌓여
눈처럼 보였다
아름다운 장면이다
이제 가을이 가면
겨울이 와서
진짜 눈이 계단에 쌓일 것이다
달빛
내 눈을 속였지만
참으로 아름다운 눈빛이다.

별 따라 길 따라

부는 바람처럼
부는 구름처럼
부는 햇빛처럼

내리는 비 따라 살아간다

먼 곳에 있는 별

꿈의 화살로 뛰는 별의 심장을
겨눈다

흰 눈이 내리는 날
화살을 하늘 멀리로 날아가
꿈이 되었다

큐피드의 화살로

흐르는 강물을 거슬러 간다
한 마리 연어처럼
세월을 거슬러 올라간다

소년의 마음처럼

나의 길
나의 별
언제나 바람처럼 꿈처럼
세월 속에 변함없이

눈송이로
가득 마음의 지붕을 덮는다

온 세상 가득히

부는 바람처럼

부는 구름처럼
부는 햇빛처럼.

지나간 추억의 사랑

우리는 그 카페에서 만났다
바람 부는 날이었다
비가 내리는 날이었다
눈이 내리는 날이었다
흘러간 시간 속에
그 카페의 밤이 있었다
너를 만나
커피를 마셨다
나는 담배를 피었다
너의 눈을 바라보았다
까만 우수가 어린 너의 눈빛
나를 우울하게 했다
너와 나는 작은 창조였다
그 공간은 기적의 순간이었다
아무 말 없이
창밖의 가로등을 바라보았다
침묵의 긴 대화를 나누었다
너와 나의 만남은 꿈이었다

카페의 밤

환상의 시간이었다
고요의 적막 속에
타오르는 밤이었다
바람만 부는 세월이었다
너의 눈은 슬픔이었다
사랑은 고독이었다
쓸쓸한 지난 시간이
긴 그림자로
현재 내 책상 위에
펜으로 너를 그려본다
가질 수 없는 사랑 때문에
우울하던 그 시절의
너와 나의 이야기는
푸른 낭만이었다
시계는 멈추지 않고
나는 너를 잊지 못한다
그 밤의 너의 눈빛을.

지나간 추억의 사랑 2

낙엽이 쓸쓸히 떨어지는 밤
그 카페에서
너와 나는 만났다

까만 어둠 속에
너의 하아얀 손
커피의 고독이 짙게
향기를 드리우고
우리는 침묵의 대화를 했다
세상은 무표정했다
찬 바람 속에
너와 나의 시간은
작은 불꽃처럼 타올랐다
마지막 기차 시간처럼
초조한 마음이 몰려왔다
말하지 못하는 마음
슬픔의 찻잔 속에
응고된 감정이 소용돌이치고
우리는 다른 꿈을 꾸었다
헤어질 수 없는 마음
너의 손을 꽉 잡고 싶었다
너의 별빛 같은 눈 속에
영원히 머물고 싶었다
낙엽이 뒹구는 거리에서
어느 시인의 감상이
별처럼 빛나고 있었다
너는 작은 사랑을
가슴에 안고
창밖을 바라보았다
그 눈

그 까만 눈 속에
기차가 달리고 있었다
공원의 벤치 위에
한 잎의
낙엽이 추락했다
너의 마음 같은
쓸쓸한 사랑이 별처럼
커피잔에 떨어졌다
우리는 그 밤
헤어졌다
다시 만나지 말자고 했다
아무 말 없는 시간의 슬픔
그 노래에 취해서
우린 거리를 걸었다
마지막 정거장에서
우린 이별했다
차 한 잔의 여운으로
낙엽으로 떨어지는
별처럼 우린 헤어졌다
거리에는
바람만 불고
세상은 고요의 적막
아주 까만 밤이었다
거리에는
아무도 없고
신문이 바람에 뒹굴고 있었다

바로
그 밤의 일이었다.

지나간 추억의 사랑 3

우리는 만났다
그 어느 날 밤에
어둠은 촛불처럼 속삭였다
밤의 꽃은
향기로 이야길 했다
니의 눈빛의 말 없는 의미
창밖에는
비가 우울하게 내리고
가로등은 울고 있었다
커피의 말 없는 냄새
그 짙은 밤에
우리는 헤어졌다
꿈이 아닌 현실처럼
마음 깊은 곳에
안개 같은 아련함이
슬픈 표정을 하고 있었다
지나간 모든 것들이
회상 속에

떠오르면 너의 웃음이
작은 미소처럼
나타났다 사라진다
모든 현실은 빛바랜 사진
흐르고 흘러서
지금 책상 위에서
까만 밤의 도화지 속에
지난 추억을 시로 적는다
다시 만날 수 있을까?
이미 오래전 일이다
서로를 마주 보며 웃던 시간들
담배 연기처럼
몽글몽글 피어오르는
마술램프의 시간
다시 만날 수 없다는
시간의 고백
종이 위에 나는 끝이라고
적어본다
아마 지금 추억도
끝났으리라.

지나간 추억의 사랑 4

작은 지방의 베이커리 카페
빵들이 화려하다
케이크도 있었고
크림이 듬뿍 들은 빵도
웃고 있었다
달콤한 맛이 좋다
너를 떠나고 아마 느껴보지
못한 그 야릇한 감정
빵 속에 그 감정이 들어있다
불붙는 노을의 추억이
나를 끌어당긴다
너는 아름다웠고 그 시절도
아름다웠다
아마 지난 시간의 기억이
무엇도 아름답게 만든다
피어나는 꽃잎처럼
그림 속의 너와 내가
어느 카페에서
은밀히
다정한 장난을 하고 있었다
인형 같은 너였기에
달콤한 감정 속에서
너와 활활 타들어 가는 속마음

그 마음 잊지 못하리
세월에 묻혀서
잊혀진 추억의 잎들을
비가 내렸다
그날 그때의 기쁨이
이제 빗방울로 내린다
지난 시간의 벌판에서
먹구름으로
비를 하얗게 내리고 있다
추억의 비일 것이다.

걸어가는 그늘의 빛

먼 곳에 길이 있다.
혼자 걸어간다
긴 고독의 그림자를 길게
끌고
어디로 가는 걸까?
황금빛 새가 나는 그곳에
환상의 그 자리를
찾아 걸어간다
지치고 힘들지만
어디 한 힘든 생이 있겠는가?

나만의 고통이 아닌
인간의 슬픔과 아픔이
가는 길마다에서
눈물을 흘린다
그 그늘의 자리마다에서
힘겨운 소리가 들리지만
참고 견뎌낸다는 것
그게 살아가는 것이다
오늘도
긴 그림자 길게 끌고
낯선 곳을 향해 걸어간다
가는 발자국마다
슬픈 음악이 흘러나온다
애딜픈 곡조의 인생가락
힘들지만
행복의 언덕을 향해
걸어서 걸어서 오른다.

생의 한순간은

삶은 힘들고 고통스럽다
희망의 햇빛이
눈송이처럼 하얗게

우리 마음의 지붕을 덮고
밤새
꿈을 꾸게 만든다
살아가는 힘든 발걸음
지치고 막막하다
그러나 걷고 걸어가야 하는 길
태양은 머리 위에서 빛나고
달은 은은히 생 위에 빛난다
피곤한 하루의 노동은
신성한 인간의 의무
잔잔한 음악이
지친 몸을 위로하며
우리 마음에 날개를 단다
떠나고 날아가자
모든 고통이 아우성쳐도
희망의 깃발은
펄럭이며 꿈을 노래한다
인간에게 꿈이 있는 한
어떤 고통도
행복의 조건이 된다
생의 자국 자국마다
그 속에서 꽃이 피고
열매가 맺힌다
힘들지만 버티면서
살아가자
멀리 빛나는 별처럼

우리 모두는 빛나는 별이다
꿈이 있는 한
그 빛은 사라지지 않고
어둠 속에서 밝게 불타오른다
살아가는 모든 걸음마다
하늘은 우리를 보고
웃으며
하얀 종이 위에 희망의 펴지를
우리에게 보낸다
삶은 고난도 잠시
위로의 휴식이 꿈처럼 찾아온다
모든 순간은 잠시
행복이 밤하늘에 빛나고 있다.

겨울의 커튼

가을 색 꽃들이
잠시 눈을 감았다
뜨면
세상은 온통
흰빛으로 변한다
눈이 내린다
하얀 꽃송이들이

내리는 눈을 맞으며
차가운 사색을 한다
겨울은 한 걸음 다가오고
만물은 깊은 잠을 잔다
봄을 위한 휴식
겨울이 장막을 내리고
뜨거운 태양을
녹이고
실내에는 따스한 불빛이
사랑처럼 흐른다
겨울의 밤은 온다
가을 위에
겨울의 커튼이 내리고
추운 바람이 불어와
희망을 얼린다
그러나 커튼이 다시 열리면
봄은 기지개를 켜고
하늘을 향해
날개를 펴고 날아오른다
꽃들처럼
다시 희망을 꿈꾸는 계절
겨울은
사랑처럼 아름답다.

별이 빛나는 밤

바람에 별이 꽃처럼
우수수 떨어진다
밤에
술을 마시며
떠오른 그 사람
지금 무얼 할까?
한 번 만나고 다시 만나지
못한 그 사람의 모습
어딘가에 있겠지
그 사람을 잊지 못하는 까닭
알 수 없는 마음의 신비
그냥 때때로
그 사람이 생각난다
별이 빛나는 밤
술을 마시면
지나간 사람들이
장밋빛 추억으로 떠오른다
그 사람도
잊혀지지 않는 작은 그림으로
내 가슴에 남아있다
별처럼 빛나던 어느 시간들 속에
작은 그리움으로
시계는 멈춰져 있다

그 눈빛
그 미소
그 머리카락
향기로 남은 그 사람은
지금쯤
어디선가
꿈을 꾸며 살고 있을 것이다
별이 쏟아지는 밤에.

어둠 속에서

부드러운 너의 눈길
다정스런 너의 눈길
따스한 너의 눈길
까만 밤에
흰 눈이 소복이 내리듯
신비한 너의 눈빛
밤의 천사가 다가와
살며시 말을 하듯이
너는
밤의 환영 속에서 말한다
지친 하루 속에
너를 생각하는 일

포근한 이불이 깔린 침대에서
너를 꿈꾸는 일
나의 작은 행복
비가 내리는 골목길에
환한 가로등 불빛처럼
촉촉한 마음으로 나를 위로한다
살아가는 힘
그래
너의 마음이 전하는 희망
까만 밤에
울리는 힘의 전원
나는 감동의 전율 속에
너의 흰 편지를 읽는다
쓰여있는 글
사랑의 말 없는 사랑의 편지
살아가는 보람
너의 따스함
바람같이 불어온다.

카페의 밤

아름다운 거리에서

겨울이 찾아오면
거리의 가로등은 밝은 웃음으로
환하다
사람들은 옹기종기 모여
오늘의 사랑을 연구한다
까만 밤이 빛을 낼 때
연기가 피어오르는
하늘은 꿈을 꾸며
침묵의 노래를 한다
눈 내린다
하이얀 눈
지나가는 사람들 마음속에
종이 울리고
손에는 선물이 들려있다
한 해가 가고
또 첫날이 찾아온다
숨 가쁜 한 해가 저물면
고요한 골목길에는
아이들의 웃음소리가 퍼진다
거리의 군밤 장수들은
달콤한 향기를 풍기며
마음이 얼어붙은 사람들에게

살아가는 달콤한 기운을 준다
거리마다에는
사람들의 갖가지 표정 속에
희망을 찾고 있다
살아가는 꿈
인내하는 마음이 모여서
사람 사는 다소곳한
정이 오고간다
아름다운 거리에는
꿈을 실은 차들이 달리며
긴 겨울의 찬바람을
견디며
내일을 향해 달려간다
꽃을 든 애인은
누군가의 집 앞으로 찾아가서
밤새 쓴 편지를
별빛 아래에서 읽는다
소리 없이 열리는 창문
아름다운 세상의 문이다.

목마른 가을 꿈

한낮의 태양 아래
가을은 타들어간다
겨울의 길목 앞에
옷을 벗고
앙상한 가지로
바람 속에 있다
세월은 가고 오는 것
꿈꾸던 시간의 환영은
다가오는 긴장감으로
목이 마르다
거리를 메운 사람들
눈빛은 초조하다
찬 바람 속에 때를 맞추기 위해
고단한 발걸음을 옮긴다
그러나 세상은 고요하다
먼 구름은 한가하고
때를 잃은 나무들은
깊은 동면에 빠진다
사랑의 그 사람은 지금 어디에
있을까?
꿈을 꾸는 모든 꽃들은
향기를 잊고

시간의 비밀 속에
내일을 약속한다
떠나가는 모든 것들
찬 이슬 속에 눈을 뜨고
흐르는 강물 속에
꿈의 시간을 맞춘다.

너를 기다리는 마음

한 해가 벌써 또 지나간다
무심한 인생의 바람은
고독한 사람을
쓸쓸한 햇빛 아래
그림자와 벗을 만든다
바다의 물새는
파란 하늘 위를 날고
항구의 밤은
출렁이는 파도처럼
아름답다
거리에서 기다리는 마음
혼자 걸어가며
가을 분위기에 빠져본다
나무의 잎사귀들

바람에 흔들린다
가을옷을 입은 사람도 흔들린다
불어오는 모든 것들이
외롭고 차갑다
따스한 불빛의 창
그곳에 사람들이 살고 있다
긴 거리를 걸으며
굴뚝의 연기를 본다
다정한 사랑이 피어오른다
달빛은
혼자 고고하게 빛나고
그 아래
벤치에는 누군가에게
긴 사연을 보내는
고독한 사람의 희망이
숨 쉬고 있다
때를 모르고 불어오는 바람만이
낯선 도시에
불을 밝힌다.

쓸쓸한 밤거리

어둠이 물든 창밖의 밤

거리에 사람은 없고
외로운 바람만이 스치고 지나간다
촛불처럼 고요한 침묵은
긴 밤의 고독처럼
이 거리를 점령하고 있다
때는 늦가을
머지않아 긴 겨울의 행군이 시작된다
주머니에 손을 꽂고
방황처럼 거닐어 본다
밤거리의 가로수들
약간의 낭만이 수를 놓는다
살아온 시간만큼
이제 쓸쓸한 시간 앞에서
남은 길의 내정을 응시한다
하나하나 떠나는 것들
거리에 떨어지는
가로수의 나뭇잎
부는 바람에 떨고 있다
외투를 입고 밤거리를 나서면
멀리 보이는 외로운 술집
한 잔의 술로
나를 달래며 지난 달력을 본다
시간의 마술이
나를 아이에서
쓸쓸한 중년의 현재를 만들었다
후회해도 소용없는

일이지만
보이지 않는 미래를 향해
술 한잔의 힘으로
마음을 재촉한다
보이지 않지만
가야 할 길이기에.

너를 꿈꾸는 밤

별이 빛나는 밤
책상에 앉아
빛나는 너의 눈빛

혼자인 시계는 재깍 이며
고독을 깨운다
아름다운 고독은
일렁이는 시간

환상 같은 네 모습은
손에 잡힐 듯
보인다

네 마음속 깊을 곳을

헤매이는 나그네처럼
떠돈다

알 수 없는 밤의 시간
알 수 없는 너의 마음
춤을 추는 너의 모습

꿈이 아닌 현실의 꿈
너의 기억을 품에 안고
먼 사막의 낙타를 타고
떠난다

달은 떠 있다
추억의 그림 속에
설레임의 바람이
불어온다

사막의 밤에 불빛이 켜지면
고독의 시간 속에
너를 세우고
고백한다

밤과 낮 사이에 보이는
모든 풍경 속에
너를 꿈꾼다.

가을 노래

가로수에서 나뭇잎 떨어지고
너의 얼굴은
가을 색으로 아름답다

모든 것이 떠나는 시간
찬 영혼들이
따스한 카페에서
지난 일을 추억한다

거리에는 낙엽이 쌓이고
바람에 날리고
너도 날아간다

살아가는 동안
마음 깊은 곳에 담긴
애잔한 마음

너와의 이별은
별이 떨어지는
낙엽 같은 순간

해지는 언덕 위에

노을이 물들면
떠나는 이여

가을빛 거리에서
가을바람 맞으며
가을 같은 말을 했다

가을비 내리는
어느 플랫폼에서
서로의 가을 기차를 탔다.

어느 날 가을비

가을 꽃잎이 하늘하늘한데
꿈의 계절은
햇살 아래 반갑네

찬 공기를 뚫고 내리쬐는
가을 햇빛

우산을 들고 내리는 햇빛
비처럼 맞으며
걷는다

주룩주룩 쏟아지는 햇빛
그 비에 젖어서
마음은 애처럽다

산다는 것이
한 잎 나뭇잎의 서글픔
바람에 그르듯이
살아간다

비에 비 맞으며
걸어가는 햇빛의 노래
청량한 가을비
우수 속에 걷는다

내리는 가을비에
빈 감상을 안고
밤이 내리는
가을 속에 젖는다

꿈이 비처럼 내리는 날
가을비의 고독은
새의 날개처럼
햇빛 속으로 날아간다.

빗소리

흐린 하늘
책상에 앉아
작은 꿈을 잡고
이리저리 고민한다
창밖에
비가 내리기 시작한다
오늘은 비가 내린다
그 소리
내 귓가를 울리는 빗소리
눈물방울 같은
비가 내린다
빗소리에는
슬픈 노래가 있다
잔잔한 너의 목소리가 들린다
아름다운 멜로디
빗소리
그 안에는
추억이 잠들고 있다
너와 걷던 길이 있다
그 안에는
팔월의 거친 비가 있다
빗소리에는

가을 벌판을 울리는
너의 눈빛이 있다
세월은 가도
변함없는 빗소리에는
지난날들의
아름다운 이야기가 담겨있다
방울방울 떨어지는
빗소리에는.

기흥호수

차를 타고 용인시에 있는
기흥호수에 갔다
하늘은 맑고
공기는 살랑인다
꿈꾸기 좋은 날에
사랑스런 날씨와 함께
공원을 걷는다
넓고 잔잔한 호수
사람들이 이곳을 거닐며
무슨 생각을 할까?
살아온 생의 마디마디를
곱씹으며

지난 세월을 후회하리라
나 또한 마찬가지
멈추지 않는 시간 열차에
몸을 실어 여기까지 왔다
꿈처럼 살아왔던 인생
호수의 수면 위에
나의 시간들을 들여다본다
슬프고
웃기고
아픈 기억의 역사가
흘러간다
아름다운 공원의 경치 속에
남은 날들에 대한
격려를 하며
꽃 한 송이를 내 자신에게 바친다
이제까지 버텨온
내 자신이
대견해서.

이 하림 시집

카페의 밤

2025년 1월 15일 초판 1쇄 발행

저자 이하림
펴낸이 안영준
제작 (도)생각과 사람들
펴낸 곳 무당거미
신고번호 제 2020-000134호
사업자 등록번호 298-95-01602
주소 경기도 성남시 분당구 산운로 139번길 4-8
전화와 팩스 031)702-2328
이메일 fellini@hanmail.net
ISBN : 979-11-987036-3-7

·잘못 만들어진 책은 구입처를 통하여 교환하여 드립니다.
·본 도서는 관계법에 의하여 저작권 보호를 받습니다.